中华优秀传统文化青少年通识读本

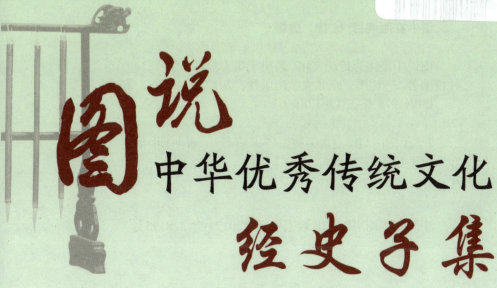

图说
中华优秀传统文化
经史子集

李莹 秦野 杜悦 编著

东北大学出版社
·沈阳·

ⓒ 李 莹 秦 野 杜 悦 2017

图书在版编目（CIP）数据

图说中华优秀传统文化. 经史子集 / 李莹，秦野，
杜悦编著. —沈阳：东北大学出版社，2017.12（2025.1 重印）
ISBN 978-7-5517-1781-6

Ⅰ. ①图… Ⅱ. ①李… ②秦… ③杜… Ⅲ. ①中华文
化-青少年读物②经籍-中国-古代-青少年读物 Ⅳ.
①K203-49

中国版本图书馆 CIP 数据核字（2017）第 328195 号

出 版 者：东北大学出版社
　　　　　　地址：沈阳市和平区文化路三号巷 11 号
　　　　　　邮编：110819
　　　　　　电话：024-83687331（市场部）83680267（社务部）
　　　　　　传真：024-83680180（市场部）83687332（社务部）
　　　　　　网址：http://www.neupress.com
　　　　　　E-mail：neuph@neupress.com
印 刷 者：三河市万龙印装有限公司
发 行 者：东北大学出版社
幅面尺寸：170mm×240mm
印　　张：10.75
字　　数：154 千字
出版时间：2017 年 12 月第 1 版
印刷时间：2025 年 1 月第 3 次印刷
责任编辑：向 阳 王 程
责任校对：邱 静
封面设计：潘正一
责任出版：唐敏志

ISBN 978-7-5517-1781-6　　　　　　定　价：37.00 元

"悦读"中国，"图说"文化

在我的童年里，书很少，值得读的有价值的书更少。那时候，总是几个小伙伴共享一本书，一个人朗读给一群人听，然后大家分享。那时候最喜欢的书，是图文并茂的，即使没有配图，我们也会想象出无穷无尽的画面。

那时候总是对历史文化方面的书有着特殊的情感，甚至是执着。长大以后，成为教师，成为中华优秀传统文化的传播者，更是把编写少儿国学文化普及读物作为自己的一项使命。

带着儿时的执念，也带着对中华文化的热爱，我们为青少年朋友编写了这套"图说中华优秀传统文化"丛书。

这套丛书从青少年的兴趣出发，围绕科技发明、江河湖海、文治武功、文化古迹、书法绘画、经史子集、民俗礼仪、百家争鸣、名人典故、文史趣谈、名山胜地、历代珍宝等十二个主题，通过中华文化核心理念、故事、图片、思考、诗文等板块，图文并茂、全方位地解读中华文化。阅读本书，你能感受到——

仰望星空，俯察大地，铸鼎烧瓷，琢玉雕金，四大发明纵横世界，先人的智慧与汗水凝聚古今！

浩浩长江，巍巍昆仑，三山五岳，青海长云，黄河之水天上来，那是九州血脉！

秦皇汉武，唐宗宋祖，文治武功，永乐康乾。以经天纬地智慧，谋万民福祉，开创盛世中华！

万里长城，都江古堰，布达拉宫，紫禁之巅，圣哲先贤的身影，穿梭于秦时明月汉时关！

一点朱红，万般青翠，工笔写意，凤舞龙飞，颜筋柳骨勾勒出炎黄子孙的雄壮华美！

圣人辈出，述往思今，栉风沐雨，百家争鸣，经史子集里谱写着任重道远的担当！

"悦读"中国，"图说"文化。愿这套书带给你一股温暖、愉悦的力量。

秦 野

2017 年 9 月

目 录
CONTENTS

千年风雅三百篇——《诗经》

《诗经》书影

　　《诗经》是中国古代诗歌的开端，最早的一部诗歌总集，收集了西周初年至春秋中叶（前11世纪至前6世纪）的诗歌，共305篇。《诗经》的作者绝大部分已经无法考证，相传为孔子编订。《诗经》在先秦时期称为"诗"，或取其整数称"诗三百"，西汉时被尊为儒家经典，始称《诗经》，并沿用至今。诗经在内容上分为"风""雅"

"颂"三个部分。"风"是周代各地的歌谣；"雅"是周人的正声雅乐，又分大雅和小雅；"颂"是周王庭和贵族宗庙祭祀的乐歌，又分为周颂、鲁颂、商颂。

《诗经》内容丰富，反映了先秦各阶层人民的日常生活，劳作耕种、婚恋嫁娶、战争徭役、祭祖飨宴，甚至天象、地貌、动物、植物等都有所涉及，是先秦社会生活的一面镜子。孔子曰："不知诗，无以言。"可见《诗经》在中国文学史上无可匹敌的地位。

中华民国时期《诗经》系列邮票：《诗经·秦风·蒹葭》（左上），《诗经·小雅·采薇》（右上），《诗经·小雅·蓼莪》（左下），《诗经·周南·桃夭》（右下）

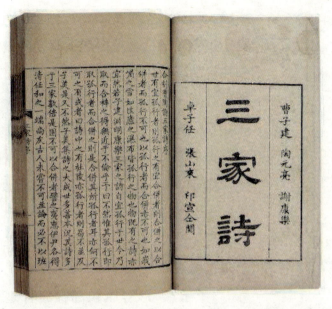

"三家诗"书影

图说

　　《诗经》编辑成书后，广泛流传在各诸侯国之间，孔子曾用诗教授弟子。由于口耳相传、易于记诵，《诗经》到了汉代成为经典著作，并出现了对《诗经》进行解说的书籍，"三家诗"——"鲁诗""齐诗""韩诗"是当时的代表，在西汉时"三家诗"被立为博士，成为官学。"鲁诗"出自鲁人申培公，"齐诗"出自齐人辕固，"韩诗"出自燕人韩婴，"三家诗"兴盛一时，现均已亡佚，仅存《韩诗外传》。

牦尾旗杆，求贤若渴

　　《诗经》对先秦各国上至君主下至贫民的生活都有所

描绘，《国风·鄘（yōng）风·干旄（máo）》写的就是贤士带着布帛良马，树起大旗，到浚邑受到卫国君主卫文公礼待的场景。从侧面赞美了卫文公礼贤下士，复兴卫国的决心。

孑（jié）孑干旄，在浚（xùn）之郊。素丝纰（pí）之，良马四之。彼姝者子，何以畀（bì）之？

孑孑干旟（yú），在浚之都。素丝组之，良马五之。彼姝者子，何以予之？

孑孑干旌，在浚之城。素丝祝之，良马六之。彼姝者子，何以告之？

"孑孑"，形容旗帜高挂旗杆之上，十分显眼。"干旄"为以牦牛尾装饰旗杆，立在车子后面，以显示队伍的威仪。全诗描写一个竖着一根高高飘扬的牦尾旗杆的马车，出现在"浚"的郊外，那面旗帜用珍贵的白色丝线镶边，车前的四匹骏马高大威武，队伍缓缓向城里走去，沿路见过的人都说，这一定是一位有学问的人才。文公听到

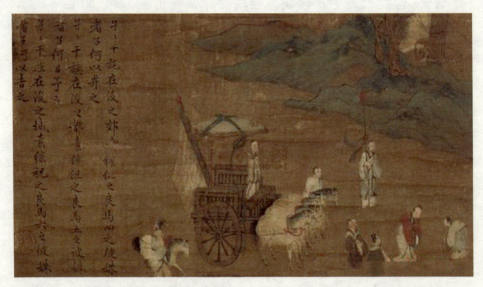

子孑干旄，在浚之郊

了这个消息，心里便想着，这样的人来投奔我，我该给他什么任务呢？又一天，一根高高飘扬的旗杆出现在"浚"的近郊，那面旗帜上画着鹰雕的图案，一辆由五匹马拉着的车，正在向城内走来，人们认为这一定是一位有大学问的人才。文公得知这个消息，心想，这样的人来投奔我，我该让他管理什么呢？再一天，一根高高飘扬的五彩旗杆出现在"浚"的城中，那面旗帜用鸟的羽毛制成，车前有六匹马拉着，这一定是一位有高深学问的人才。文公心想，这样的人来投奔我，我应该与他讨论什么呢？

有一位这样求贤若渴、礼贤下士的好君主，卫国又何愁不再强盛呢？后来卫文公成为中兴之主，他在齐国的庇护下，在楚丘那个地方重新建立都城，卫国在其后的治理下存在了400多年。

🔍 成语

求贤若渴

贤，贤人、贤士。寻求贤才像口渴寻水那样。比喻访求贤才的心情迫切。

爱深思念，婚嫁有礼

《诗经》中描绘爱情和婚嫁风俗的诗句有很多，既有《国风·周南·关雎》《国风·秦风·蒹葭》这样脍炙人口、流传甚广的表现"君子"爱慕追求"窈窕淑女""所谓伊人"的爱情诗篇，也有《国风·周南·桃夭》《国风·周南·螽（zhōng）斯》这类展现先秦时代婚姻嫁娶民风民俗的诗篇。

蒹葭苍苍，白露为霜

国风·周南·桃夭

桃之夭夭，灼灼其华。之子于归，宜其室家。

桃之夭夭，有蕡（fén）其实。之子于归，宜其家室。

桃之夭夭，其叶蓁（zhēn）蓁。之子于归，宜其家人。

这首《国风·周南·桃夭》描写了某个春日，一场热闹的婚礼迎着晨光徐徐拉开了序幕，优秀的青年将要迎娶心爱的姑娘。

桃之夭夭，灼灼其华

当美丽的新娘娉娉婷婷走出来站在宾客面前时，大家高声唱起对新人的祝福："姑娘就像盛开的桃花一样的美丽，她的脸庞就像那熊熊燃烧的火焰一样红艳；今天她出嫁了，希望她在新的家庭能快乐友善。"一阵热闹过后，人们又唱道："姑娘就像盛开的桃花一样美丽，桃树的果实已在慢慢地长大；今天姑娘出嫁了，希望她能孝顺公婆使家庭和睦。"接着大家敲锣打鼓奏起喜庆的乐曲，最后齐声唱道："姑娘就像盛开的桃花一样美丽，桃树的叶啊越长越茂盛。今天她出嫁了，希望她让婆家兴旺发达。"一场盛大的婚礼在众人美好的祝福下缓缓进行着。

《诗经》中的各类诗篇，有的详尽叙述事件经过，有

延伸思考

选取《诗经》中你最喜欢的一篇背诵下来，想想这首诗哪部分最吸引人。

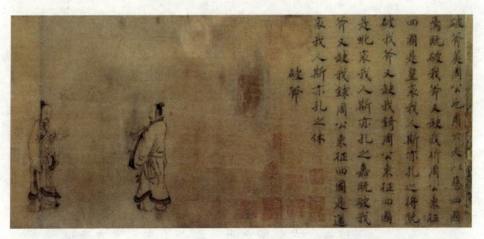

南宋·马和之《豳风图卷》副本（局部）

图说

南宋宫廷画家马和之根据《诗经·国风》之《豳(bīn)风》诗意而作《豳风图卷》。全卷共分七段，依次为《七月》《鸱鸮(chī xiāo)》《东山》《破斧》《伐柯》《九罭(yù)》《狼跋》，每段画前书《豳风》原文。

的细细描绘风物景象，有的真切抒发心理感情，所写内容包罗万象，对后世诗词歌赋的创作主题有深远影响。此外，《诗经》还有三种最典型的表现手法，即"赋""比""兴"，被广泛运用在后来的文学创作当中。"赋"是指铺陈直叙，即人把思想感情及其有关的事物平铺直叙地表达出来；"比"就是类比，指的是借助另外的事物作类比，这也是运用得最普遍的一种手法；"兴"是指先用他物作引，引出所要吟咏的事物。"赋""比""兴"随着《诗经》的广泛传播而成为以后历代文人进行文学创作的根本方法。

🔍 **成语**

窈窕淑女

窈窕，美好的样子；淑女，温和善良的女子。指美丽而有品行的女子。

 **诗文链接**

毛诗序（节选）

西汉·毛亨、毛苌

诗者，志之所之也，在心为志，发言为诗。情动于中而形于言，言之不足故嗟叹之，嗟叹之不足故永歌之，永歌之不足，不知手之舞之足之蹈之也。

情发于声，声成文谓之音。治世之音安以乐，其政和；乱世之音怨以怒，其政乖；亡国之音哀以思，其民困。故正得失，动天地，感鬼神，莫近于诗。先王以是经夫妇，成孝敬，厚人伦，美教化，移风俗。

楚地之源　浪漫主义　情深志坚

悠悠楚声歌，
漫漫爱国情——《楚辞》

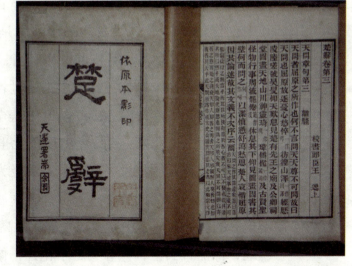

《楚辞》书影

　　《楚辞》是中国文学史上第一部浪漫主义诗歌总集，我国浪漫主义文学的源头。现今流传的版本中有17篇辞赋，约3.4万字，作者包括战国时期的屈原、宋玉，以及汉代的淮南小山、东方朔、严忌、王褒、刘向、王逸等人。刘向遵照汉成帝"搜寻辑录天下遗书"的政令开始编辑《楚辞》一书，据考证，该书成书约在公元前26年至

刘向雕塑

公元前6年间。《楚辞》中大部分篇章都出自屈原之手，其中创作最早、最具代表性的作品就是我们熟知的《离骚》，宋玉所作的《九辩》也极为有名，二人的诗篇内涵丰富、感情充沛、结构灵活，引得后世各朝代文人纷纷效仿"楚辞体"写作辞赋，或是从其中获得灵感，改良、完善文学创作，《楚辞》的身影出现在几乎每个不同体裁的文学领域，对我国浪漫主义文学有着极为深远的影响。

我国现代著名的文学家郑振铎在《屈原作品在中国文学史上的影响》一文中给予《楚辞》极高的评价："像水银泻地，像丽日当空，像春天之于花卉，像火炬之于黑暗的无星之夜，永远在启发着、激动着无数的后代的作家们。"

以身殉国的屈原

战国时期诸侯国相继进行变法来壮大自己的国家，楚国的内外政策也发生了变化。当时屈原是楚国的大夫，他多次劝谏楚怀王联合齐国共同抗秦，但是因楚怀王听信了受过秦国好处的靳尚和公子兰一伙人的谗言，被秦王骗去了秦国，在公元前296年时死在秦国。而后楚国立太子横为国君，号楚顷襄王，他更加重用靳尚、公子兰等人。屈原担心楚国要灭亡在这些奸臣手里，于是不断向楚顷襄王进言远离小人，并告诫他要重视人才、操练兵马来壮大楚国的国力。但是靳尚、公子兰他们暗中勾结起来，在楚顷襄王跟前说屈原的坏话，楚顷襄王大怒，就把屈原革了职，放逐到湘南（今湖南洞庭湖一带）去。

屈原雕像

图说

　　屈原（约前340或339—前278），战国时期楚国诗人、政治家，同时他也是中国历史上第一位伟大的爱国诗人，中国浪漫主义文学的奠基人，《楚辞》的创立者和代表作者，开辟了"香草美人"的传统，被誉为"中华诗祖""辞赋之祖"。

汨罗江

　　屈原怀着救国救民的志向和抱负，无处施展，反倒受到奸人迫害，被排挤出朝廷，他一肚子的忧愤没处去说。因此，他面容憔悴、骨瘦如柴，神情恍惚地在汨罗江边漫步，一边走一边唱着悲伤的歌。

　　江岸上有一个渔民劝他："你何必要这样呢？楚国人哪一个不知道你是忠臣！"

　　屈原说："君王他们是糊涂人，只有我一人清醒啊！我悲愤的不是自己的遭遇，而是楚国的现状，我怎么能够眼看着国家的危险不管呢！只要能救楚国，就是叫我死一万次我也愿意。可如今，君王把我流放出来，我再也不能参与国家大事了，我的主张没处去说，我大声呼喊君王，君王也听不到，我的心如刀割般痛着。"

　　一晃十几年过去了，屈原还没有得到楚王召他回去的消息。公元前278年，秦国派大将白起攻打楚国，攻占了楚国国都。屈原听到这个消息，伤心得放声大哭。因为他知道楚国已经没有希望了，可他不愿意眼看着楚国灭亡，国土、人民落在秦国人手里，他要和楚国共存亡，于是就在五月初五那一天，抱着一块大石头，跳到汨罗江里，以身殉国了。后来，每逢农历五月初五端午节这一天，人们就来到江边用投粽子、赛龙舟的方式纪念屈原。

楚辞体

图说

　　"楚辞"不仅是古书的名称，同时也是屈原开创的一种诗歌体裁，这种新诗体起源于战国时期南方长江流域的楚地。内容上，融合了当地民歌中的精华，加入许多上古神话传说典故；语言上，采用楚地的方言音韵、语声语调，形成了结构宏大、想象丰富、句式灵活等艺术特色。因对后世的文人及文学创作产生了深远的影响而独成一体，被称为"楚辞体"，也叫"骚体"。

引经据典的庄辛

　　《越人歌》是中国最早的翻译作品，也是楚越文化相互交融的文化产物，对楚辞的创作有着直接的影响，它和楚国的其他民间诗歌一起成为《楚辞》的艺术源头。

　　据刘向《说苑·善说》记载：春秋时代，楚王母弟鄂君子晳在河中游玩，钟鼓齐鸣。摇船者是位越人，趁乐声刚停，便抱双桨用越语唱了一支歌。鄂君子晳听不懂，叫人翻译成楚语，便形成了《越人歌》。据史实记载，楚国大夫庄辛曾用《越人歌》的故事说服过楚国的襄成君。

　　据说，楚国襄成君册封受爵那天，他伫立在河边，身

襄成君画像

穿华服，佩带宝剑。庄辛此时是楚国的大夫，他看见襄成君在岸边伫立，便向前行礼，想要握住襄成君的手。但是襄成君对他想要握住自己手的行为感到愤怒，便对庄辛不予理睬。于是庄辛洗了洗手，给襄成君讲起了楚国鄂君与《越人歌》的故事。

庄辛在讲完故事后，便问襄成君："鄂君身份高贵仍然可以跟越人船夫相往来，我为什么不可以握住你的手呢？"襄成君听完这个故事后当真答应了庄辛的请求，将手伸向了他。

延伸思考

对于屈原以身殉国的爱国情怀，你有哪些感受？

毛泽东行书《离骚》（局部）

成语

香草美人

香草，喻贤臣；美人，喻君主。后泛指忠贞贤良之士。

 诗文链接

《离骚》（节选）

先秦·屈原

帝高阳之苗裔兮，朕皇考曰伯庸。摄提贞于孟陬兮，惟庚寅吾以降。

皇览揆余初度兮，肇锡余以嘉名。名余曰正则兮，字余曰灵均。

纷吾既有此内美兮，又重之以修能。扈江离与辟芷兮，纫秋兰以为佩。

汩余若将不及兮，恐年岁之不吾与。朝搴阰之木兰兮，夕揽洲之宿莽。

九州四海博奇物
——《山海经》

《山海经》书影

　　《山海经》既是一部地理著作，也是一本神话古籍，书中的内容涉及地理地质学、植物学、动物学、矿物学、医学、宗教学、民俗学、海洋学、心理学、人类学等学科，可以称得上是一部包罗万象的"奇书"。全书原有22卷约32650字。现存《山经》5卷、《海外经》4卷、《海内经》5卷、《大荒经》4卷，共18卷，其余卷内容已失。据推测，《山海经》为战国中后期到汉代初中期的楚国或巴蜀人所作，具体作者不可考证。《山海经》在西汉司马迁的《史记》中第一次被提及，后由西汉刘向、刘歆编校成熟，晋代郭璞为其作传成《山海经传》一书。《山海经》中流传最广的要数那些神话传说，如夸父逐日、女娲补天、精卫填海、大禹治水等。

刘歆画像

图说

刘歆（前50—后23），字子骏，后改名秀，字颖叔，生于长安，是汉高祖刘邦四弟刘交的后裔，刘德之孙，刘向之子。建平元年（前6）时改名刘秀。刘歆在校勘学、目录学、天文历法学、史学、古文经学等方面均有成就，《山海经》为刘歆与其父刘向合力编辑成书。

开天辟地的盘古

　　"盘古创世"的故事家喻户晓，《山海经·大荒西经》里有最早的记载。

　　传说在万物还未出现的时候，天地之间漆黑混沌一团，像个大鸡蛋。鸡蛋里面只有盘古一人在睡觉，一直睡了一万八千年。有一天，他突然醒来，睁眼一看四

河南省驻马店市泌阳县盘古乡的"盘古开天辟地"雕塑

周，到处都是黑黢黢的，什么也看不见，盘古急得心里发慌，于是伸展手脚向四周挥动。谁知这一动，霎时间只听得山崩地裂的一声巨响，这个大鸡蛋一下子裂开了，其中一些轻而清的东西，慢慢上升变成了天；而另一些重而混沌的东西，则慢慢下沉变成了地。天地刚分开，盘古怕它们再合拢上，于是就站在天与地之间，头顶着天，脚踩着地，不敢挪身一步。自那以后，天每日升高一丈，地也每日加厚一丈。盘古的身体，也随着天的增高而每日长高一丈。这样，盘古顶天立地又持续了一万八千年，天变得极高，地也变得极厚了，盘古终因劳累不堪而累倒死去。

中国邮政1987年发行的"中国古代神话"系列邮票

就在盘古临死的那一刻，他的全身忽然发生了变化：他口里呼出的气，顿时变成了风和云；他呻吟之声，变成了隆隆作响的雷霆；他的左眼变成了太阳，右眼变成了月亮；手足和身躯，变成了大地和高山；血液变成江河；筋脉变成了道路，头发和胡须，也变成了天上的星星；皮肤和毛发，变成了草地林木；肌肉变成了土地；牙齿和骨骼，变成了闪光的金属和坚石、珍宝；身上的汗水，也变成了雨露和甘霖。盘古生于混沌之中，创造了天地，又将自己的一切奉献给了天地，让世界变得丰富多彩。远古先民敬畏的不只是盘古和他创造的天地，更是这种舍身忘我的奉献精神。

《山海经》还有"精卫填海""夸父逐日""女娲补天""大禹治水"等神话故事，里面的神灵英雄们是华夏民族坚韧顽强、聪慧善良等优良品格的象征。

🔍 成语

开天辟地

古代神话传说中，天地本混沌一片，盘古开辟天地，创造了世界和人类。比喻前所未有的，有史以来第一次发生的。

珍禽异兽和奇花异草

《山海经》记载了约40个邦国，550座山，300条水道，100多位历史人物，400多个神怪妖兽，还有许多令人惊异的奇花异草。每每读来，总会让人浮想华夏大地上是否真的出现过这样的生物，后世的文人学者也总能从中得到艺术的养分，创作出极具想象力的作品。比如，山西

山西忻州九原岗北朝壁画墓中出现的《山海经》神兽"驳"

忻州九原岗北朝壁画《升天图》中就出现了不少《山海经》里的神兽，有"其状如马，其音如鼓"的"驳"，壁画中的"驳""肩生飞翼，口衔幼虎，奔跑姿态矫健优雅"，古人认为它的出现，意味着息弥刀兵，制止战争。

还有"神衔蛇操蛇，其状虎首人身，四蹄长肘"的"疆良"，以及"其状如鹤，一足，赤文青质而白喙，其鸣自叫也，见则其邑有讹火"的"毕方"神鸟，前者为"一

山西忻州九原岗北朝壁画墓中出现的《山海经》神兽"疆良"

头人形半蹲怪兽，血盆大口，正吞食一条斑点蛇，蛇身后半挣扎半缠绕在怪兽的右臂之上"，后者"形状像一般的鹤，但只有一只脚，红色的斑纹和青色的身子而有一张白嘴，它鸣叫的声音就是自身名称的读音，在哪个地方出现哪里就会发生怪火"。

除此之外，还有许多功效"惊人"的花花草草，如吃了能变成美人的"荀草"；被认为太阳从其中生发出来的高大无边的"扶桑"树；大如瓜，赤符而黑理，吃了可以御火的"丹木"；吃了可以忘掉烦恼的"帝休"；生长在昆仑山上可以使生命长寿不死的"甘木"；增长智慧的"圣木曼兑"树……这些奇特的想象让我们看到远古人民的世界也如我们今天一样多姿多彩，生动有趣。

《山海经》作为一部"奇书"的原因，还在于它不仅记载了许多我们现代人未曾见过的事物，还记录了不少现代生物或者他们的祖先，甚至有些生物和地理环境的描述

☼ 延伸思考

阅读《山海经》，画出你心中"神兽"或"奇花异草"的样子。

山西忻州九原岗北朝壁画墓中出现的《山海经》神兽"毕方"

在非洲、南美洲都能够找到相吻合的对象。美国学者墨兹博士研究了《山海经》，并查验出美国中部和西部的落基山脉、内华达山脉、喀斯喀特山脉、海岸山脉的太平洋沿岸，与《东山经》记载的四条山系走向、山峰、河流走向、动植物、山与山的距离完全吻合……

这说明，早在远古时代，我们的祖先就已经将足迹遍布世界的各个角落，《山海经》的美誉和散播正是对他们这种积极探索精神的最好的回应。

🔍 成语

奇花异草

珍奇罕见的花草。

🔗 诗文链接

读山海经图

宋·欧阳修

夏鼎象九州，山经有遗载。

空濛大荒中，杳霭群山会。

炎海积歊蒸，阴幽异明晦。

奔趋各异种，倏忽俄万态。

群伦固殊禀，至理宁一概。

骇者自云惊，生兮孰知怪。

未能识造化，但尔披图绘。

不有万物殊，岂知方舆大。

预示未来的"宝典"
——《周易》

"群经之首"《周易》书影

　　《周易》也叫《易经》，是中国最悠久的传统典籍之一，相传为周文王姬昌所作，内容包括"经"和"传"两个部分。"经"主要包括六十四卦和三百八十四爻

河南安阳羑里城，周文王姬昌编纂《周易》的地方

（yáo），其中对"卦"和"爻"各自进行了说明。"传"则包含解释卦辞和爻辞的7种文辞共10篇，也称十翼，据传为孔子编撰。《周易》最为人所熟知的是其作为占卜、勘测风水的功用。郭沫若曾评价说："《易经》是一座神秘的殿堂。"

《周易》是中国本源传统文化的精髓，是中华民族智慧与文化的结晶，被誉为群经之首，大道之源，是中华文明的源头活水，是中国古代杰出的哲学巨著。它历经7000多年的历史至今经久不衰，奠定了中华文化的重要价值取向，开创了东方文化的特色，对中国的文化产生不可取代的重要价值和巨大影响。

先天八卦配二十四山图

图说

　　"卦爻"是《易经》的基本因素，"卦"，指古代的占卜符号，也用于指迷信占卜活动所用的器具；"爻"，《现代汉语词典》（第7版）中作为名词释义为：组成八卦的长短横道，分阳爻"–"、阴爻"––"。根据天、人、地三才的道理，把三爻重叠起来，构成八卦，即乾、坤、震、巽、坎、离、兑、艮。八卦重叠起来，由阳爻"–"和阴爻"––"两种爻象，按每卦六画排列组合而成，构成六十四卦。通过八卦或八八六十四卦显示的象征自然现象和人事变化的形象，占卜时能够据此推断吉凶，预示未来。

中国澳门邮政发行的"伏羲氏画卦图"邮票

伏羲画卦

　　伏羲氏是公元前27世纪左右以畜牧为主的原始社会时期的传说人物，也是中华民族心智的先启者，是人类从原始状态步入文明时代的探路人。相传，伏羲氏仰观天，俯察地，感受最深的是天地的广大、四季的变化、日月的交替等自然现象，于是用8个符号分别代表天、地、水、火、风、雷、山、泽，始有八卦，进行占卜吉凶，希望得到神意的显示，他所绘画的"八卦图"后来成为《周易》形成的基础。

　　相传八卦是伏羲画的。传说人类在蒙昧时代，生活艰难困苦，就在这时渭水上游的氏族部落中诞生了一位伟大的人物——伏羲。他领导部族辛勤劳作，"断竹、续竹、飞土、逐肉"，却依旧食不果腹，饥寒交迫。

　　他十分茫然，不知所措。在闲暇之余，时常盘坐卦台山巅，苦思宇宙的奥秘。仰观日月星辰的变化，俯察山川风物的法则，不断地反省自己，追年逐月，风雨无阻。也许是他的精诚感动了天地，有一天，他的眼前出现了一派美妙的幻境，一声炸响之后，渭河对岸的龙马山豁然中开，但见龙马振翼飞出，悠悠然顺河而下，直落河心分心石上，通体卦分明，闪闪发光。这时分心石亦幻化成为立体的太极，阴阳缠绕，光辉四射。此情此景震撼了伏羲的心灵，太极神图深切映入他的意识之中，他顿时目光如炬，彻底洞穿了天人合一的秘密——原来天地竟是如此的简单明了，唯阴阳而已。为了让人们世世代代享受大自然的恩泽，他便将神圣的思想化作最为简单的符号，以"—"表示阳，以"--"表示阴，按四面八方排列而成了八卦。伏羲一画开天，打开了人们理性思维的闸门，将困苦中挣扎的人们送到了幸福的彼岸，从而博得了人们永生永世的怀念和尊崇。

图说

王亥（前1854—前1803），子姓，又名振，夏朝时期商丘人，商族。他是商国的第七任君主，王亥是王姓始祖。

河南商丘"华商始祖"王亥雕像

1973年长沙马王堆出土的帛书《周易》经传（局部）

这部分帛书出土于湖南长沙马王堆汉墓三号墓，与其他27种帛书一起，盛放在一个漆盒内。帛书全幅高约48厘米，宽约85厘米，墨书写成。据相关研究发现，这座汉墓的年代是汉文帝十二年（前168），而帛书的抄写年代最晚也不会晚于这个时间。

"帝乙归妹"

归妹

上六		
六五		震
九四		
六三		
九二		兑
初九		

"帝乙归妹"卦象

"帝乙归妹"卦共有两处，第11泰卦和第54归妹卦，帝乙是商纣王之父，帝乙之父文丁杀了文王之父季历，为了缓和与西周的紧张关系，帝乙将女儿嫁给文王。周易崇尚阴阳交合，对应到人事上则是君臣相合，九二爻为刚中之臣，六五爻为柔中君王，六五下应九二，就好比君王嫁女给诸侯大臣，故称"帝乙归妹"。

"后夫凶"

"后夫凶"出现在第8卦比卦，孔圣人《周易·大象传》注释"先王以建万国，亲诸侯"，比卦是讲师卦战争之后，分散的原始部落合并找靠山的事情。"先王"指的是大禹，"防风氏"也是一个治水功臣，在大禹召集天下诸侯之时，防风氏自认为比大禹功劳大，故意姗姗来迟，挑战大禹的权威，所以被大禹所杀。

上九
九五
九四
六三
六二
初六

"后夫凶"卦象

大禹杀"防"立国之纲纪以警戒诸侯，由此，各个部落的首领自然见禹而胆寒，不敢自行其是，也就是从这时开始，禹真正实现了号令天下，成了真正的"九州王"，建立了夏王朝。在后代之世，也有"后夫凶"的例子，汉高祖刘邦统一天下，田横不肯称臣于汉，率五百门客逃往海岛，刘邦派人招抚，田横被迫乘船赴洛，在途中自杀。

延伸思考

《周易》的各类卦象蕴含了万事万物的运行规律，古人通过《周易》卦象占卜事物的吉凶。现代社会中，人们除了将《周易》作为一种传统经典著作进行研究外，还能借助《周易》做哪些事情呢？举例说一说。

元·赵孟𫖯《周易系辞》（行书）

🔍 **成语**

九五之尊

最初出自《周易·乾》"九五，飞龙在天，利见大人。"术数家认为《乾卦》九五是人君的象征，后来便用"九五之尊"指帝王的尊位。也作"九五之位"。

🔗 **诗文链接**

读书

宋·陆游

束发论交一世豪，暮年憔悴困蓬蒿。

文辞博士书驴券，职事参军判马曹。

病里犹须看周易，醉中亦复读离骚。

若为可奈功名念，试觅并州快剪刀。

儒家经典　孔子编纂　智慧结晶

帝王必修教科书——《尚书》

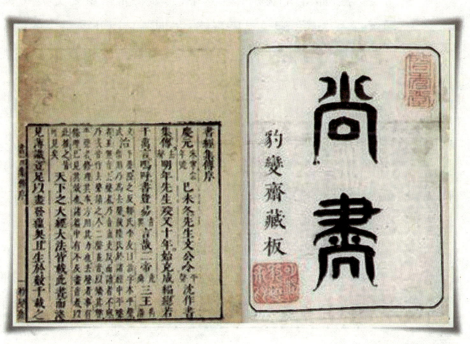

古籍《尚书》书影

《尚书》，最早书名为《书》，约成书于公元前5世
纪，传统《尚书》由伏生传下来。考证为上古文化《三坟

中国邮政发行的邮票《孔子讲学图》

五典》遗留著作。"尚"即"上",《尚书》就是上古的书,它是中国上古历史文献和部分追述古代事迹著作的汇编。《尚书》里记录了虞、夏、商、周各代典、谟、训、诰、誓、命等文献资料。其中,"典"是指重要史实或专题史实;"谟"记录君臣谋略;"训"是臣开导君主的话;"诰"是勉励的文告;"誓"是君主训诫士众的誓词;"命"是君主的命令。

有一种说法称《尚书》为孔子编定。孔子晚年集中精力整理古代典籍,将上古的尧舜一直到春秋秦穆公时期的各种重要文献资料汇集在一起,经过认真编选,选出100篇,这就是百篇《尚书》的由来。孔子编成《尚书》后,曾把它用作教育学生的教材。在儒家思想中,《尚书》具有极其重要的地位。

鲁恭王凿墙得书

西汉景帝时期,景帝的儿子鲁恭王刘余说话有些口吃,不善言辞,却喜欢建造宫殿、廊苑,养狗畜马,晚年时又极喜好音乐。

"鲁壁",相传鲁恭王发现孔子藏书的地方

传说,有一次鲁恭王为了扩建自己的宫殿,竟然下令拆毁孔子的旧宅,工匠们正干得热火朝天时,鲁恭王忽然听到一阵金石丝竹之声,仿佛天上传来的乐曲,十分动听。他循着声音来到工匠们正在拆除的墙壁前,在一片断壁残垣之中,发现了存放着的数十册书简,他当即打开书简,看到满篇晚周时期的"古文",知道这大概是前人流传下来的珍贵古籍,立刻肃然起敬,房子也不敢再拆了,还把这些书简都交还给了当时孔子的后人——孔安国。后来孔安国精心整理、保存祖先留下的书册,将之献予皇帝,珍藏在皇家图书馆中。这些偶然得到的书简里就有《尚书》一书,与《尚书》一同发现的还有《礼记》《论语》《孝经》等书。

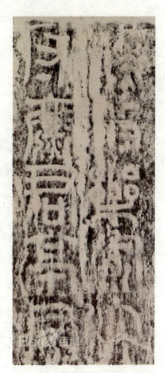

鲁恭王墓室人胸前刻字

曲阜孔府——"天下第一家"

图说

　　孔府又称"衍圣公府"，位于孔庙东侧，占地16万平方米，共有厅、堂、楼、房463间，是全国仅次于明清皇宫的最大府第，有"天下第一家"之称。它是孔子嫡系长期居住的府邸，也是中国封建社会官衙与内宅合一的典型建筑，是中国传世最久、规模最大的封建贵族庄园。

　　孔子死后，其后代子孙世代居住孔庙东侧看管孔子的遗物。汉高祖十二年（前195）孔子9代孙孔腾被册封为奉祀君，自此孔子嫡系长孙便有世袭的爵位。之后的时间里，封号屡经变化，直至宋至和二年（1055）改封为衍圣公，历经宋、金、元、明、清、民国，直至1935年国民政府改封衍圣公孔德成为"大成至圣先师奉祀官"为止。

随着孔子后人官位的升迁和爵位的提高，孔府建筑不断扩大，至宋、明、清达到现在规模，成为前堂后寝、衙宅合一的庞大建筑群。

孔府为全国首批重点文物保护单位，1994年与孔庙、孔林一起列入世界文化遗产名录。

胡服骑射的武灵王

在《尚书·盘庚上》一篇中有这样一句话："人惟求旧。器非求旧，惟新。"意思就是说，君王用人应用"旧人"，器物却不需用旧的，而是越新越好。

武灵王雕像

春秋战国时期，赵国的武灵王就深谙此道理，使原本弱小的赵国逐渐变得强大起来。据记载，武灵王满腹韬略、目光远大、雄心勃勃，他时刻都想通过变革使国家强盛起来。

有一天，武灵王对他的臣子楼缓说："我们的东边有齐国、中山国，北边有燕国、东胡，西边又有秦国、韩国和楼烦这个部落。若不发愤图强，我们迟早会被周边的国家、部族消灭，而要让国家富强必须有一支强大的军队，我国士兵、百姓穿着长袍大褂，作战、劳动的时候很不方便，不如北方胡人穿的短衣窄袖，活动起来方便灵敏。另外，我们打仗全靠步兵，或者用马拉车，不会骑马打仗，在战场上总是受制于人，所以，我们不但要学胡人的穿着，还要学习骑马、射箭的本事。你觉得怎么样？"楼缓听后很是赞同。

坚持"胡服骑射"的武灵王

河北邯郸 "武灵丛台"

第二天，武灵王穿着胡人的衣服上朝，并把学习胡服骑射的想法告知了众臣，还一一列举了这个变革的好处，然而仍旧有不少大臣十分反对，认为穿胡服违反传统，有损赵国的威仪。武灵王的叔叔公子成是个顽固的老头，他听说武灵王要改穿胡服的政策后干脆装病不上朝。武灵王下定决心非改革不可，他知道公子成在赵国很有影响力，就亲自登门向叔叔反复阐明穿胡服、学骑射的好处，最后好不容易说服了叔叔，随后立即赠给公子成一套精美的胡服。后来大臣们见武灵王和公子成都穿着胡服上朝，便也陆续改穿胡服了。

没过多久，武灵王见时机成熟，先后颁布了改革服装和教习骑射的命令。从此以后，赵国无论贫富贵贱的人都开始穿着胡服了，不到一年，赵国就有了一支强大的骑兵部队。公元前305年，武灵王亲自率领着赵国的军队打败了中山国，又收服了东胡及其附近的几个部落，到了实行"胡服骑射"政策的第七年，楼烦也被赵国吞并了，赵国一跃成为春秋时期的强国。

☀ 延伸思考

选取《尚书》中你认为最有意义的一句话，用自己的话进行解释，再分享给身边的朋友。

成语

功亏一篑

亏，欠缺；篑，盛土的筐子。原指筑九仞高的土山，因差一筐土未能完成。比喻做事因差最后一点努力而未能完成。

 诗文链接

池州夫子庙麟台

唐·韦表微

二仪既闭，三象乃乖。圣道埋郁，人心不开。

上无文武，下有定哀。吁嗟麟兮，孰为来哉。

周虽不纲，孔实嗣圣。诗书既删，礼乐大定。

劝善惩恶，奸邪乃正。吁嗟麟兮，克昭符命。

圣与时合，代行位尊。苟或乖戾，身穷道存。

于昭鲁邑，栖迟孔门。吁嗟麟兮，孰知其仁。

运极数残，德至时否。楚国浸广，秦封益侈。

墙仞迫厄，崎岖阙里。吁嗟麟兮，靡有攸止。

世治则麟，世乱则麇。出非其时，麋鹿同群。

孔不自圣，麟不自祥。吁嗟麟兮，天何所亡。

礼乐之美如天音——《礼记》

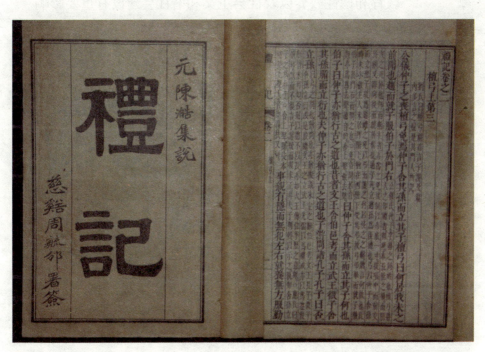

竖排版《礼记》书影

　　《礼记》又名《小戴礼记》《小戴记》，据传为西汉礼学家戴圣所编，是中国古代一部重要的典章制度选集，共

戴圣画像

20卷49篇，主要记载了先秦的礼制，体现了先秦儒家的哲学思想、教育思想、政治思想、美学思想，是研究先秦社会的重要资料，也是一部儒家思想的资料汇编。

《礼记》章法谨严，文辞婉转，前后呼应，语言整饬而多变，是"三礼"之一、"五经"之一，"十三经"之一。自东汉郑玄作"注"后，《礼记》地位日升，至唐代时被尊为"经"，宋代以后，位居"三礼"之首。《礼记》中记载的古代文化史知识及思想学说，对儒家文化传承、当代文化教育和德性教养以及社会主义和谐社会建设有重要影响。

穷人不食嗟来之食

《不食嗟来之食》选自《礼记·檀弓》，是《礼记》中有名的小故事。

战国时期，各诸侯国互相征战，老百姓的生活很不太平，如果再加上天灾，老百姓就没法活了。这一年，齐国大旱，一连3个月没下雨，田地干裂，庄稼全死了，穷人吃完了树叶吃树皮，吃完了草苗吃草根，眼看着一个个都要被饿死了。可是富人家里的粮仓堆得满满的，他们照旧吃香的喝辣的。

有一个富人名叫黔敖，看着穷人一个个饿得东倒西歪，他想拿出点粮食给灾民们吃，但又摆出一副救世主的架子，把做好的窝头摆在路边，施舍给过往的饥民们。每当过来一个饥民，黔敖便丢过去一个窝头，并且傲慢地叫

大名府五礼记碑

图说

　　大名府五礼记碑，是中国现存最高最大的石碑，坐落于河北大名县，立于唐开成五年（840），原是唐碑，为著名书法家柳公权奉唐文宗之命为魏博节度使何进滔撰写的德政碑。后来北宋末年宋徽宗御做《五礼新仪》，大名府尹梁子美为讨好皇帝，竟把柳公权字磨掉，刻了徽宗的《五礼新仪》。

　　中国汉族的"五礼"起源于西周，是中国古代礼仪总称。"五礼"分别是吉礼、凶礼、军礼、宾礼、嘉礼。吉礼是五礼之冠，主要是对天神、地祇、人鬼的祭祀典礼，如民间祭山神、河神；凶礼是哀悯吊唁忧患之礼，如葬礼；军礼是师旅操演、征伐之礼，如阅兵；宾礼是接待宾客之礼，如接见国家大使；嘉礼是和合人际关系、沟通、联络感情的礼仪，如节日拜访亲友等。有人也认为"五礼"是指忠、孝、仁、智、信五种信念。

着："叫花子，给你吃吧！"有时候，过来一群人，黔敖便丢出去好几个窝头让饥民们互相争抢，黔敖在一旁嘲笑地看着他们，十分开心，觉得自己真是大恩大德的活菩萨。

这时，有一个瘦骨嶙峋的饥民走过来，只见他满头乱蓬蓬的头发，衣衫褴褛，将一双破烂不堪的鞋子用草绳绑在脚上，他一边用破旧的衣袖遮住面孔，一边摇摇晃晃地迈着步子，由于几天没吃东西了，他已经支撑不住自己的身体，走起路来有些东倒西歪了。

黔敖看见这个饥民的模样，便特意拿了两个窝头，还盛了一碗汤，对着这个饥民大声吆喝着："喂，过来吃！"饥民像没听见似的，没有理他。黔敖又叫道："嗟（jiē），听到没有？给你吃的！"只见那饥民突然精神振作起来，瞪大双眼看着黔敖说："收起你的东西吧，我宁愿饿死也不愿吃这样的嗟来之食！"

黔敖万万没料到，饿得这样摇摇晃晃的饥民竟还保持着自己的人格尊严，顿时满面羞惭，一时说不出话来。

本来，救济、帮助别人就应该真心实意而不要以救世主自居。对于善意的帮助是可以接受的；但是，面对"嗟来之食"，倒是那位有骨气的饥民的精神，值得我们赞扬。

乐美则心美，乐哀则国危

一天，孔子无事便在屋内演奏乐曲。弟子曾参、子贡坐在外厅，侧耳细听。

一曲终了，只见曾参喃喃自语道："咦？怎么会这样呢？老师的琴声里，怎么会流露出贪狠邪僻的情绪呢？琴音中，趋利不仁的味道竟然如此严重？"

对曾参所说的话，子贡记在心里，不过，他没接曾参的话，而是站起身子，朝室内走去。

孔子见子贡进来，面有犯难不悦之色，便放下琴瑟，等他说话。子贡将刚才曾参所说的话，如实禀告。

孔子听完子贡的话，对曾参赞叹不已。他说道："曾参真是天下一位大贤人呐！他已经通晓音律的奥秘了！"

接着，孔子对子贡解释了事情的缘由。他说："刚才，我正在案边弹琴，有一只老鼠在屋内乱窜，被一只猫发现了。那只猫便循着房梁，悄悄地接近老鼠。然后，选好地点，等待时机，扑住老鼠。后来，猫的如意算盘终究没有得逞。因当时那只猫的心绪，反映在我的心里，我便很自然地通过琴瑟，将它表露出来。所以，曾参说我的琴音里有贪狠邪僻的情调，是很恰当的。"

《礼记·乐记》里就有这样的观点：大凡音乐，都是产生于人的内心。人的情感动于内，体现在外就是声音。声音的变化有文理，就成了音乐。所以，在太平盛世，流

延伸思考

"玉不琢，不成器，人不学，不知道。"出自《礼记·学记》，谈谈你对这句话的理解。

孔子学琴于师襄

行的音乐，通常都洋溢着安适与喜乐，反映此时的国家政治处于清明祥和的状态。在动荡的乱世，流行的音乐往往会充满着怨恨与愤怒，反映此时的国家政治处于政令不畅、动荡的境地。而一个接近亡国的世道，它的流行音乐，会弥漫着哀伤与忧思，说明此时的人民已陷入难以自拔的困苦，只能靠回忆往事来慰藉自己。

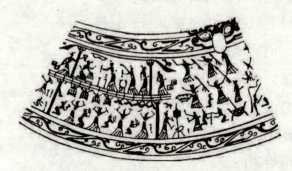

战国《宴客奏乐图》(局部)

 成语

礼尚往来

尚，尊崇、注重。在礼节上应该有来有往。后也指你对我怎么样，我就对你怎么样。

 **诗文链接**

进经筵讲礼记彻章诗（节选）

宋·刘克庄

惟王建邦国，以礼定乾坤。大分严堂陛，弥文及冠昏。
徐行非曰逊，亟拜不为烦。臣岂容私量，人谁越短垣。

修身齐家治国平天下

——《大学》

《大学》书影

　　《大学》作为"四书"之首，全书约1800余字，相传为创作了《孝经》的曾子所著，原属《礼记》第四十二篇。后来宋代理学家朱熹单独为《大学》作注成书《大学章句》，与《中庸章句》《论语集注》《孟子集注》合编成《四书章句集注》，南宋嘉定五年（1212）《四书章句集注》被列为"国学"，正式成为官学考试的必学内容。

《大学》一书文辞简约、内涵深刻、引人深省，总结概括了先秦儒家道德修养的基本准则和规范，对后世治学、修身、理政有深刻的启迪。

"宗圣"曾子雕像

图 说

曾子，名参，字子舆，春秋末年鲁国南武城（今山东平邑）人，儒家主要代表人物之一。16岁拜孔子为师，他勤奋好学，颇得孔子真传，被后世尊奉为"宗圣"。参与编纂《论语》、创作了《大学》和《孝经》，另有《曾子十篇》。

兄弟争雁

《兄弟争雁》是一则文言文寓言故事，出自《应谐录》，作者是刘元卿。

昔人有睹雁翔者，将援弓射之，曰："获则烹。"其弟争曰："舒雁宜烹，翔雁宜燔。"竞斗而讼于社伯。社伯请剖雁，烹燔半焉。已而索雁，则凌空远矣。

意思是：从前，有个人看见一只正在飞翔的大雁，准备拉弓把它射下来，并说道："一射下就煮着吃。"弟弟表示反对，争着说："栖息的大雁适合煮着吃，飞翔的大雁适合烤着吃。"两人一直吵到社伯那儿。社伯建议把大雁剖开，一半煮着吃，一半烤着吃。等到兄弟两个再次去射大雁时，大雁在空中早已远去。

刘元卿画像

图说

刘元卿（1544—1609），字调甫，号旋宇，一号泸潇，明朝吉安府安福县西乡（今江西省萍乡市莲花县坊楼南陂藕下村）人。明朝著名理学家、教育家、文学家。"江右四君子"之一，在理学、教育和文学等领域皆卓有成就，著述甚丰，有《刘聘君全集》，其寓言集《贤弈编》被收入"四库全书"。

这个故事告诉我们，完成一项事业，实现一个理想，不但要有阶段性，而且还要有时效性。不完成前一个阶段的任务，是无法进入下一个阶段的；不把握时机即使条件具备了，同样无法达到目的。

《大学》中有言："物有本末，事有终始。知所先后，则近道矣。"天地万物皆有本有末，凡事都有开始和终了，能够明白本末、终始的先后次序就接近于道了，接近于道，就意味着接近成功了。

延伸思考

想一想，你在学习生活中有没有分不清主次的时候？怎么做才能分清主次呢？

🔍 **成语**

轻重缓急

指各种事情中有主要的和次要的，有急于要办的和可以慢一点办的。

八风吹不动，一屁过江来

苏东坡在瓜州为官的时候，曾经写过一首《赞佛偈》："稽首天中天，毫光照大千。八风吹不动，端坐紫金莲。"这首诗表面上礼佛赞佛，实际却在暗自炫耀自己的德品修养已经到了荣辱皆忘、诸事无惊的程度了。苏东坡将写好的诗派人送给住江对岸的金山寺的佛印，佛印的回信很快就来了，苏东坡急忙打开，却见回信上只有两个字："放屁！"

苏东坡看了回信后怒不可遏，马上乘船渡江去找佛印理论，等到了金山寺，远远就见门上贴着一张纸，走近前看时，纸上写着："八风吹不动，一屁过江来。"看到这张纸，苏东坡好不沮丧，终于知道了自己的修养还不到家，

开新西畴田 把酒话桑麻
待到重阳日 还来就菊花
辛卯秋 王初松书写孟浩然诗意

苏东坡和佛印

便心服口服地回去了。

《大学》中说："知止而后有定，定而后能静，静而后能安，安而后能虑，虑而后能得。"知道要达到"至善"的境界方能确定目标，确定目标后方能心地宁静，心地宁静方能安稳不乱，安稳不乱方能思虑周详，思虑周详方能达到"至善"。许多人也像苏东坡一样，希望自己能够做到宠辱皆忘、波澜不惊，可事到临头，却往往发现自己并不见丝毫的长进。所以说，思虑周详、波澜不惊不是轻易就能实现的，这需要我们不断修炼自身，培养心性。

 成语

静观默察

静、默，平静地、不动声色地。静静地仔细观察。

树下课诸孙

明·王问

茅茨宴荒径，独有嘉树存。

藏书子能读，复以训诸孙。

义孙读《论语》，颇将孝理敦。

道孙诵《大学》，路孙初学言。

言念里中儿，顾复但知恩。

渐次长骄仿，耻僇难具论。

蹇性厌华缛，嗣引希后昆。

慎尔守纯素，顾名思默浑。

万物之本 完善自我 修德养性

简言传世明哲理——《中庸》

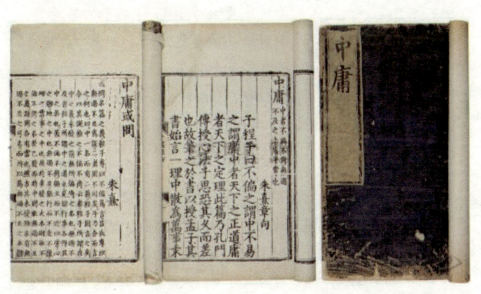

《中庸》书影

　　《中庸》相传是孔子的后裔子思创作的。全书共计
3500余字，西汉的戴圣最先将《中庸》的内容整理编入
《礼记》当中，作为《礼记》的第三十一篇。到了宋代，
朱熹又将其从《礼记》中抽出单独注释编辑成书，与《大

子思画像

子思，原名孔伋，字子思，孔子的嫡孙、孔子之子孔鲤的儿子。大约生于周敬王三十七年（前483），卒于周威烈王二十四年（前402），享年82岁。子思拜师于孔子的弟子曾参，子思的门人再传学给孟子，子思上承孔子的中庸之学，下启孟子的善性之论，是儒家学派重要的思想家。北宋徽宗年间，子思被追封为"沂水侯"；元文宗至顺元年（1330），又被追封为"述圣公"，后人由此而尊他为"述圣"。

学》《论语》《孟子》并列，合称"四书"，成为之后封建正统教育的基本书目。全书分为33章，清代学者张岱将每章的前几个字用作章节名称。文章短小精悍、文笔凝练、结构严谨，对为人处事、人性修养有重要影响，是儒家理论最重要的典籍之一。

隐恶扬善的舜帝

对于舜，《中庸》中就有评价："舜其大知也与！舜好

问而好察迩言，隐恶而扬善，执其两端，用其中于民，其
斯以为舜乎！"翻译过来就是：舜是有大智慧的人啊！他
喜欢询问且喜欢审查那些浅近的话，他隐瞒别人的坏处，
表扬别人的好处。他掌握好两个极端，对人民使用折中的
办法，这就是为何他被尊称为舜啊！

而在之后的《史记》中记载过这样的事情：舜的父亲
眼睛看不见东西，在舜生母去世后，又娶了一个妻子，二
人又生下了一个儿子，取名"象"。父亲偏爱继母和弟
弟，总想杀死舜，遇到小过失就严厉惩罚他。但舜却孝敬
父母、友爱弟弟，从来没有松懈怠慢。舜非常聪明，他们
想杀死舜的时候，总是找不到他，但有事情需要他的时
候，他又总在旁边恭候着。

有一次，舜爬到粮仓顶上去涂泥巴，他的父亲就在下
面放火焚烧粮仓，但舜借助两个斗笠保护自己，像长了翅
膀一样，从粮仓上跳下来逃走了。后来，父亲又让舜去挖

延伸思考

你认为尧帝的做
法合适不合适？
理由是什么？

舜敬父母、友幼弟

井，舜事先在井壁上凿出一条通往别处的暗道。挖井挖到深处时，父亲和弟弟一起往井里倒土，想活埋舜，但舜又从暗道逃开了。他们本以为舜必死无疑，但后来看到舜还活着时，就假惺惺地说："你跑到哪里去了？我们特别想你啊……"无论他们怎样处心积虑地伤害舜，但舜总是不计前嫌，像以前一样侍奉父亲、友爱弟弟。后来他的美名远扬，尧帝知道后，就把两个女儿嫁给他，并让位于他，天下人都归服于舜。

🔍 成语

以德报怨

报，报答、回报。不记别人的仇，反而用恩惠去报答仇怨。

天性各异，因材施教

子路画像

有一天，子路问孔子："先生所教的仁义之道，真是令人向往！我所听到的这些道理，应该马上去实行吗？"孔子说："你有父亲、兄长在，怎么能听到这些道理就去实行呢！"过了一会儿，冉有也来问同样的问题，孔子却说："应该听到后就去实行。"这时，站在一边的公西华被弄糊涂了，不由得问孔子缘故。

孔子说："冉有为人懦弱，所以要激励他的勇气；子路武勇过人，所以要中和他的暴性。"冉有与子路二人后来从政都有成就，多亏孔子教育有方。

　　《中庸》有言："天命之谓性，率性之谓道，修道之谓教。"意思是说：天所赋予人的东西就是天性，遵循天性就是道，遵循道来修养自身就是教。孔子了解每个人都有自己的天性，想要教人成才就一定要遵循不同的天性，也就是因材施教。

　　南宋朱熹评价《中庸》说："《中庸》一书，枝枝相对，叶叶相当，不知怎生做得一个文字整齐。《中庸》多说无形影，如鬼神，如天地参等类，说得高。说下学处少，说上达处多。历选前圣之书，所以提挈纲维、开示蕴奥，未有若是之明且尽者也。"中庸，以"过犹不及"为核心，做人处事追求适中、守度、得当，不偏不倚为宜，不到位和越位、缺位都不合适。中庸是中华民族的古典哲学，曾广泛而深刻地影响了中国历史的发展，也为世界文化宝库贡献了篇章。

子路、曾晳、冉有、公西华侍坐

🔍 **成语**

因材施教

　　因，根据；材，资质；施，施加；教，教育。指针对学习的人的志趣、能力等具体情况进行不同的教育。

🔗 **诗文链接**

送卢五方春分教端州（节选）

宋·赵汝回

中庸大学玄又玄，商盘周诰非雕镌。

灯花两檐陈俎笾，一一口说手注篇。

霜毫之笔云涛笺，墨香瓦滑不受研。

下岩古坑石柿填，千夫秉炬入犀泉。

镵出一片紫玉砖，色如马肝鸲眼圆。

得之酬直不论钱，乍是对客寒无毡。

道家之祖　包罗万象　言简意深

无为之道使万物

——《道德经》

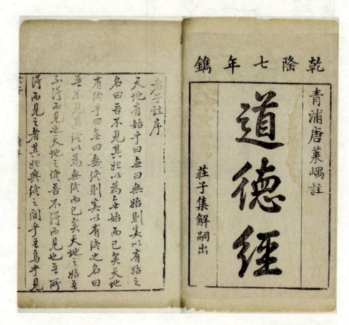

《道德经》书影

《道德经》是春秋时期老子的哲学作品，又称《道德真经》《老子》《五千言》《老子五千文》，是道家学派最为经典的著作，道家哲学思想的重要来源。《道德经》分为上下两册，共81章，共计5000字左右，前37章为上篇

《道经》，第38章以下为下篇《德经》。全书以哲学中的"道德"为核心，论述修身、治国、用兵、养生之道，文意深奥，包涵广博。据联合国教科文组织统计，《道德经》是被译成外国文字发布量最多的文化名著之一。俄国作家托尔斯泰曾评价："做人应该像老子所说的如水一般。没有障碍，它向前流去；遇到堤坝，停下来；堤坝出了缺口，再向前流去。容器是方的，它成方形；容器是圆的，它成圆形。因此它比一切都重要，比一切都强。"

老子画像

图说

老子（约前571—前471），姓李名耳，字聃，春秋时期陈国苦县厉乡曲仁里人。老子是中国古代伟大的思想家、哲学家、文学家和史学家，道家学派创始人和主要代表人物，从古至今被冠以许多尊荣，唐朝帝王追认他为李姓始祖，同时也被尊为道教的始祖，被誉为"东方三大圣人"之首，美国《纽约时报》评其为"世界古今十大作家"之首。老子的"无为而治"等朴素辩证法哲学思想几千年来经久不衰。

紫气东来，圣书传世

相传周朝的一个小官尹喜，有一日到城门口勘查，突然见东方有紫气相连，心知定有圣人向关内而来，于是他叮嘱守关士卒："数日之内将有大圣人路经此地，一旦你们见有形貌不俗的人就要立即禀报。"同时派人洒扫道路，夹道焚香，以迎圣人。

没多久，老子准备出函谷关向西而行。尹喜听人禀报有位白发老翁道骨仙貌，驾着青牛车想要通关，立即赶来迎接，在牛车数丈前跪拜道："关令尹喜叩见圣人！"老子说："吾乃一介布衣，行此非常之礼，不知有何见教？"尹喜再拜稽首道："吾早得神明示像，已在此恭候多日。今观大圣，神姿迥绝，我一个小小边吏何足挂齿？诚心企望圣人赐教。"老子说："你为何这样认为？"尹喜说："今月

老子骑青牛塑像

之初，见紫气东来，知有圣人将要度关；紫气浩荡，长达三万里，知来者至圣至尊绝非一般；紫气之前有青牛星相牵，圣人必乘青牛之车来也。希望您能指点一二，尹喜感恩不尽。"老子笑道："善哉！你既然知道我，我也了解你了，你有这样的见识，应当能留名在世间了。"尹喜再拜道询问圣人姓名，听闻是老子，当即焚香叩头，恭敬地拜其为师。

后尹喜辞官随老子沿秦岭终南山西行，昼行夜宿。一日，来至一处，见此地祥云缭绕，龙飞凤舞，百卉芬芳，泉水叮咚，真乃世外桃源，老子称赞此处乃天下福地，说道："道，可道，非常道，……"洋洋洒洒五千言，皆是老子关于道德以及对宇宙、人生、社会等方面的见解，由

元·赵孟頫《老子道德经》（小楷）

尹喜记录，世谓之《道德经》。尹喜按照老子的教导虔心修行，并弘扬道家学说，后来修成大道，被称为"无上真人"，又称"尹真人"。另外，老子出关中的"紫气东来"也成了中国文化中的一个重要元素，"紫气"作为吉祥、祥瑞的象征，经常被人们写在大门上。

🔍 **成语**

紫气东来
比喻吉祥的征兆。

圣人求教于圣人

孔子曾经不远千里向老子问礼。老子对孔子的到来感到非常高兴，并且与孔子两人秉烛夜谈。在此次问礼中，孔子主要询问了关于丧礼方面的问题，得到了老子详细的解答。孔子问老子，在什么样的情况下要请宗庙的神主？老子回答：在君王或者诸侯过世的时候需要请神主，这是礼制规定。孔子又问，小孩子死后可以用寿衣和棺材吗？老子答：小孩子死后不能葬在祖坟内，也不能使用棺材。孔子还问，在打仗期间如果父母逝世那要怎么办，是继续战事还是停战守孝？老子答：按照礼制规定，子女在父母死后是一定要服丧守孝的，其间还不能进行战事。老子不仅解答了孔子关于礼制方面的问题，还带着孔子观看了祭神的典礼。这次问礼中，孔子收获匪浅。

在孔子向老子辞行时，老子还送了一段忠言给他，劝告孔子戒掉过于热衷宣扬自己优秀之处的毛病，不要太过贪图功名这些东西。真正聪慧的人会善于隐藏自己的

☀️ **延伸思考**

从《道德经》中选取你认为最有启示的句子，思考这句话给了你怎样的启迪。

学识渊博，而不是向别人大肆宣扬自己有多么聪明、有多么优秀。

"孔子见老子"版画

 诗文链接

读老子

唐·白居易

言者不如知者默，此语吾闻于老君。

若道老君是知者，缘何自著五千文。

千人弟子，万世圣学
——《论语》

《论语》书影

《论语》是我国第一部"语录体"著作，成书于战国前期，记录了孔子的言行，由孔子弟子及再传弟子编写而成，是儒家学派最具代表性的古籍。《论语》共20章492篇，15900

多字，表现了孔子的政治主张、伦理思想、道德观念及教育原则等。与《大学》《中庸》《孟子》并称"四书"，再加上《诗经》《尚书》《礼记》《周易》《春秋》，合称"四书五经"。北宋政治家赵普曾有"半部《论语》治天下"的美誉。

孔子与七十二弟子木刻像

图说

孔子是我国伟大的教育家和思想家，《史记·孔子世家》记载："孔子以诗、书、礼、乐教，弟子盖三千焉，身通六艺者七十有二人。"这"七十二人"师从孔子，或品德高尚、或技艺精深，成为儒家学说最坚定的拥护者，因此也被称为"七十二贤"。在这"七十二贤"中，深得孔子真传的优秀弟子有子渊、子骞、伯牛、仲弓、子有、子贡、子路、子我、子游、子夏等十人，后世人称其为"孔门十哲"。

知人不易，眼见未必为实

　　孔子和弟子们周游列国的时候，有一次被困在陈国和蔡国之间的某个地方，又饿又累，已经7天没有吃过米饭了。颜回从很远的地方好不容易讨来一些米煮饭，快要熟了的时候，孔子亲自前来查看，却见颜回正用手抓锅里的米饭塞进嘴里。孔子虽然不太高兴，却没有当面说什么。不一会儿饭就全熟了，颜回来请孔子吃饭，孔子假装没有看见颜回"偷偷吃饭"的事情，起身说："我刚刚梦见先人说，我自己先吃干净的饭然后才给他们吃。"颜回心知

颜回攫食

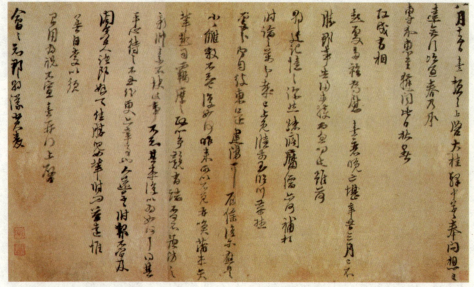

宋·朱熹《论语集注》残稿（局部）

老师大概是误会了自己，便回答道："不是您想的那样，刚刚炭灰飘进了锅子里，弄脏了米饭，我不忍心丢掉，就抓来吃掉了。"后来孔子慨叹道："按照常理，应该相信眼睛看到的事情，然而那却并不一定可信；或者相信自己的心，而有时自己的心却也不一定是值得相信的。你们要记住，了解一个人是很不容易的。"

了解事情的真相很难，了解一个人也是很不容易的事啊！

做好事该要回报吗

一次，孔子的一个学生见到有人落水便立即跳下水去，费了好大力气把人救上了岸。落水者的家人为了感谢这个学生，就给了他一头牛，他欣然收了下来。然而却有人议论道："下水救人是帮助别人的好事，怎么能收取回报呢？"孔子知道这件事情后，非但没有责备自己的学生，反而表扬他说："你做得对，以后会有更多落水的人得到救助。因为无论是救人还是助人，之后都有望能收到对方的回报，这样一来，被救的人会越来越多，愿意去救人、帮助人的人也会越来越多了。"

孔子的弟子子贡既是个外交家也是个大富豪，他受到孔子的教导，很讲究"仁"。他在外地看到鲁国人被作为奴隶受人驱使，便花钱赎回他们，带他们回到鲁国，变成身份自由的百姓，并且做完这些之后也不去鲁国领受报酬。面对这样的善举，孔子却持否定态度，他批评说："这样的行为自以为品德高尚，其实却是个大失误。因为你赎回鲁国百姓不取分毫，虽显示出了大公无私的品行，却让其他赎人的人也不好意思去收赎金了。如此一来，有心想要做善事的人没有办法行善了，让他们自己出钱也不

 延伸思考

你认为做好事应不应该收取报酬？说说你的理由。

子贡赎人

太可能，因为不是每个人都像你一样是个大富豪。最终的结果可能是再没有人去赎鲁国人了，那么那些被奴役的鲁国人就只能继续受苦。"

所以说，收取回报并不是损坏个人品德的事，反而不收取回报却会妨碍他人行善，最后吃亏的只能是那些需要得到帮助的人。

🔍 **成语**

己所不欲，勿施于人

欲，希望；勿，不要；施，施加。自己不愿意的，不要强加给别人。

🔗 **诗文链接**

《论语》序说

宋·朱熹

程子曰："《论语》之书，成于有子、曾子之门人，故其书独二子以子称。读《论语》，有读了全然无事者，有读了后其中得一两句喜者，有读了后知好之者，有读了后直有不知手之舞之足之蹈之者。今人不会读书。如读《论语》，未读时是此等人，读了后又只是此等人，便是不曾读。颐自十七八读《论语》，当时已晓文义。读之愈久，但觉意味深长。"

"大爱"才是最好的武器
——《墨子》

古籍《墨子》书影

《墨子》分两大部分：一部分记载墨子言行，阐述墨子思想，主要反映了前期墨家的思想，另一部分分为《经上》《经下》《经说上》《经说下》《大取》《小取》等6篇，一般称作"墨辩"或"墨经"。《墨子》作为战国百家中的经典之作，内容广博，涉及军事、政治、逻辑、科技等领域。现存《墨子》一书，由墨子及其弟子编撰而成，记载了墨子的言行，反映了墨家的逻辑思想，还包含了许多自然科学的内容，先秦的科学技术成就大都依赖《墨子》以传。

墨子画像

图 说

墨子，名翟，战国时期宋国人。墨子是中国历史上唯一一位农民出身的哲学家，他创立了墨家学说，提出了"兼爱""非攻""尚贤""尚同""节用"等观点。在当时的百家争鸣时期，墨家与儒家并称"显学"，有"非儒即墨"之称。墨子去世之后，墨家分为"相里氏之墨""相夫氏之墨""邓陵氏之墨"三个学派，他的弟子收集其语录，完成了《墨子》一书，流传于世。

墨子纪念馆

图说

　　墨子纪念馆坐落于山东省滕州市，始建于1993年，2007年进行升级改造，占地面积2万平方米，建筑面积8000平方米，是世界上唯一一座专门研究墨子文化、收集墨子资料、展示墨子科技成果的建筑群体。

墨子责徒

　　耕柱聪颖过人，是墨子的得意门生，不过，墨子经常责备他，耕柱觉得自己非常委屈。一天，耕柱愤愤不平地问墨子："老师，这么多学生当中，为什么我要经常遭您老人家责骂呢？"墨子听后反问道："假设我要去太行山，

墨子聚徒讲学

乘坐快马和牛，你打算鞭策哪一个呢?"

耕柱回答说："我要鞭策快马。"墨子说："我认为你也是值得鞭策的!"耕柱明白了老师的用意，从此发奋读书，力求上进，再也不需要老师整日督促了。

墨子思辨

墨子对程子说，儒家学说有许多不足之处足以丧亡天下，程子说墨子是在诋毁儒家学派，墨子解释绝非诋毁。几天后墨子又与程子辩论，转而称赞孔子。程子问："您不是一向攻击儒家思想，为什么又会称赞孔子呢?"墨子答道："孔子的思想存在合理和不合理的地方，应该区别对待。"

墨子一生坚信"不以言废人"。

木鸢

　　墨子对论证理论的探讨没有采用形而上的形式化的方法，而是采取了思辨的非形式化的考察方式。墨子的思辨理性更多地体现为对论证的诠释，它将论辩定义为"辩，争彼也。辩胜，当也。"墨子关注"辩"的有效性问题，对论证的有效性进行了考察。结论得到前提足够的支持时，墨家称"当"，即论证有效；当前提对结论的支持不充分时，墨家称"不当"，即论证无效。

墨子劝战

　　战国初年，楚国想要攻打宋国。当时楚王重用了一个著名的工匠。他是鲁国人，名叫公输般（鲁班）。他为楚王设计了一种攻城用的云梯，云梯造成后，楚国就准备攻打宋国了。墨子听闻这个消息，走了十天十夜，忙赶到楚国去劝战，楚王听了墨子的一番话，终于同意不攻打宋国了，但是还想在实战中试试云梯的威力。公输般多次使用不同方法攻城，但都被墨子挡住了。公输般攻城的器械全部用完了，墨子守城的方法还有余。楚王看到了墨子守城的本领，知道没有把握取胜，便决定不攻打宋国了，一场战争就这样被墨子阻止了。

延伸思考

墨子劝战的方式对吗？如果是你，你有什么办法劝战？

成语

墨守成规

墨守，战国时墨子善于守城；成规，现成的或久已通行的规则、方法。墨守成规指思想保守，守着老规矩不肯改变。

攻城云梯

 诗文链接

寓林折枝（节选）

战国·韩非子

墨子为木鸢，三年而成，蜚一日而败。弟子曰："先生之巧，至能使木鸢飞。"墨子曰："吾不如为车者巧也。用咫尺之木，不费一朝之事，而引三十石之任，致远力多，久于岁数。今我为鸢，三年而成，蜚一日而败。"惠子闻之曰："墨子大巧，巧为，拙为鸢。"

性本善，民为本，君可轻
——《孟子》

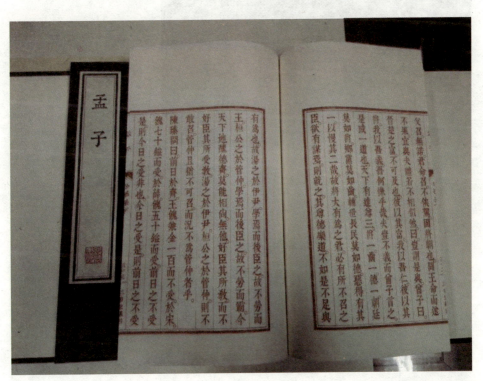

《孟子》线装书

　　《孟子》由孟子及其弟子万章、公孙丑等人所著，记录了孟子及其弟子的政治观点、思想主张以及教育和哲学等方面的观点。现今流传下来的有7篇14卷，286章，35000余字。南宋朱熹将《孟子》与《论语》《大学》《中庸》合称为"四书"，是科举考试中的必考内容。作为儒家学派的重要典籍之一，《孟子》以"性善论"为理论基础，主张施行"仁政"，孟子认为民贵君轻，因此君主应坚持"以民为本"的思想，这种观点对后世政治有极大的影响。

七篇贻矩

图说

　　山东邹城孟府大堂檐下悬挂着一块"七篇贻矩"的金匾，为清雍正皇帝亲笔书写。"七篇"指的是《孟子》中《梁惠王》《公孙丑》《滕文公》《离娄》《万章》《告子》《尽心》这七篇文章，"贻"是赠予的意思，"贻矩"合起来指《孟子》七篇留给后人，作为后人言行的准则和为人处世的规矩。

孟子智谏齐宣王爱护百姓

　　战国时的齐宣王一心想称霸天下。一天，他问孟子："像我这样的人能不能统一天下？"

　　孟子觉得眼下百姓的生活还很困苦，应该批评齐宣王一番。但齐宣王是个爱听奉承话的国君，如果说他不爱护百姓，自己准会被他轰出王宫，因此孟子不动声色地说："在我回答大王的这个问题之前，我想先问大王一件事，行吗？"

　　"什么事呀？"齐宣王好奇地问。

　　"我听说，有一回新钟铸成，准备杀牛祭钟，您因为看见好好的一头牛，无罪而被杀，感到不忍，结果没杀那头牛，是有这么一件事吧？"齐宣王对自己的行为得到认同很是高兴，忙回答说："是呀！是有这么一件事。"

孟子向齐宣王劝谏

孟子说："大王，这就是恻隐之心啊！凭您这副善心肠，便可以行王道，统一天下！"

齐宣王更乐了："对，你接着说下去。"

孟子又说："问题是您肯不肯做罢了。比如，有人说他力能举千斤的东西，但却举不起一根羽毛；眼睛能看得清毫毛，但却看不见满车的柴火，您相信这话是真的吗？"

齐宣王不禁哑然失笑："哈！我怎么能相信这种话呢？"

孟子也笑道："这就对啦！所以如果有人说，大王您能用好心对待牛，却不能用这种好心去爱护百姓，这也同样叫人不能相信。这就和不肯举一根羽毛和看不见一车柴火一样。现在，百姓之所以流离失所不能安居乐业，是您根本不去关心的缘故，而不是能不能做的问题。所以我说，大王您能行王道，能统一天下。问题是您不做，不是不能啊！"

听了孟子的话，齐宣王非但没有生气，反而欣然接受了这样委婉的批评和劝谏。

🔍 成语

明察秋毫

明，眼力；察，看清；明察，看清楚；秋毫，秋天鸟兽身上新长的细毛，鸟类到了秋天，重新生出来的非常纤细的羽毛，比喻极其细小的微观事物。形容眼力可以看清极其细小的微观事物，也指视力很好。后多形容人能洞察一切，也指有敏锐的洞察能力。

孟子求师

　　少年时的孟子对儒学很感兴趣，便来到孔子的弟子曾子的故地山东曲阜城内，想要拜师求学，谁知曾子和他的弟子子思以及子思的儿子都早已去世。虽然失望，但是孟子却不愿轻易放弃，他听说子思有一个名叫"司徒牛"的弟子，过目成诵，深得子思的真传，而且据说司徒牛品行也十分高洁。然而可惜的是，由于一场大病，司徒牛身体遭受严重的摧残，原本健康的身体没多久就变成像佝偻的老人一样，病好之后再没有人见过他。

中国邮政发行的"古代思想家——孟子"邮票

孟子决定找到司徒牛，于是他从城东门找到了城西门，见到人就问有没有见过驼背的老人，找了好些日子也没有找到，此时的孟子衣服破旧，满面尘土，远处看去像个乞丐，但即使这样孟子也没有放弃。

这天，孟子从一个村子寻访出来，被盛夏的太阳晒得浑身是汗。正好见到路边一棵枝叶繁茂的古树，便坐在树下闭目乘凉，突然一阵乐曲声隐约传来，他睁开眼看到一位驼背老人一手持竹竿，一手提口袋，边走边用竹竿去粘在枝头鸣叫的蝉儿，动作非常娴熟，竹竿到处，蝉无一能逃，就像在地上拾垃圾一样简单。

孟子眼前一亮，突然想到当年孔子也遇见过一位这样捕蝉的老人。孔子还问过那位老人为什么能捕得如此轻易，并从中得出了一个道理：熟能生巧。只要专心，就能有所成就。

山东邹城"亚圣庙"

而现在面对同样的情形，孟子心想：这个人会不会是司徒牛呢？这时，老人也发现了孟子，他微笑着说："小伙子，大热天的出来做什么呢？"孟子恭敬地行了一个礼，说道："我是出来寻找师傅的，请问老先生知道一位叫司徒牛的人么？"说话间，他密切注意着驼背老人的表情，果然，听到"司徒牛"三个字，那位老人眼里闪过一丝莫名的情绪。

"司徒牛啊……我可不认得这个人。"说着，老人抬腿就要离开。见到这个情形，孟子立即迈步向前，行了个大礼，真诚地说道："老先生，弟子孟轲有礼了。"说着，便跪在了地上。

老人确实是司徒牛，他隐居乡间。平日读书，闲时效仿孔子书里的驼背老人捕蝉，几十年来练就了一身好手艺。这次孟子四处寻访一位驼背老人的消息也传到他的耳朵里，只是他不清楚，这个孟子到底是一时心血来潮呢，还是真的想学儒学。所以他并没有出现，只是冷眼旁观孟子的行为。直到孟子找了一个多月还没灰心，从城里找到城外，仍然毫无退缩之意时，司徒牛才相信，他真的有拜师之心。

见孟子以大礼拜在面前，司徒牛伸手扶起他，说道："也罢，我就是司徒牛，

延伸思考

孟子求学的经历对你有何启示？

"孟母三迁"浮雕

看在你这番诚心的份儿上，就收了你这徒弟吧。"

听到这番话，孟子非常高兴，但还是遵照礼数，再拜而起，然后从篮子里拿出早就准备好的从师之礼——一只活着的大雁，然后脱去褴褛的外衣，双手托着束脩重新跪在司徒先生膝下，执拜师入门之礼。

孟子跟随司徒牛整日读书做学问，没有一天休息过，司徒牛十分耐心地给予教导，直到三年后司徒牛再无可授，孟子才拜别老师继续自己的求学之路。

好学生更需要好老师来悉心培养，而好老师是需要用心来寻找的。

🔍 **成语**

笃志好学

笃，专心一致。专心致志，勤奋好学。

🔗 **诗文链接**

孟子

宋·王安石

沉魄浮魂不可招，遗编一读想风标。

何妨举世嫌迂阔，故有斯人慰寂寥。

飞鹏展翅逍遥游——《庄子》

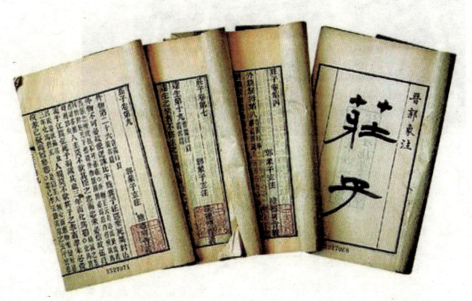

古籍《庄子》书影

　　《庄子》是战国中期庄子及其后学者所著，属道家经文，与《老子》《周易》合称为"三玄"。《庄子》一书内容丰富，主要涉及哲学、人生、艺术、社会等众多领域，对中国文学、审美的发展产生了深远的影响。汉代以后，《庄子》一书被尊为《南华经》，庄子也被封为南华真人。书中原有内篇7篇、外篇28篇、杂篇14篇、解说3篇，十余万言。后经删减后，保留65920字。该书想象奇幻、包罗万象，将哲理与艺术交融在一起，具有浪漫主义风格，属先秦诸子文章的典范之作。

庄子祠

图说

庄子祠始建于北宋，位于安徽省蒙城县县城北漆园办事处，总占地面积约为34667平方米，总建筑面积为1086平方米，全祠由祠堂建筑群与万树园两部分组成。主要建筑包括大三门、影壁、山门、逍遥堂、五笑亭、观台、观鱼桥、梦蝶楼、南华经阁、客舍等。2011年，庄子祠正式成为国家AAA级旅游景区。

庄子画像

图说

　　庄子，姓庄，名周，字子休，宋国蒙人，是东周战国中期著名的思想家、哲学家和文学家。庄子是继老子之后，战国时期道家学派的代表人物，与老子并称为"道家之祖"。他的代表作品为《庄子》，其中的名篇包括《逍遥游》《齐物论》等。当时诸侯混战，争霸天下，庄子不愿与那些统治者同流合污，后辞官隐居，潜心道学，隐居著书，被后世尊称为"南华真人"。

庄子轻权

　　惠施在魏国做宰相，庄子想要去看望他。有人告诉惠施说："庄子来是想取代你做宰相。"惠施听后特别害怕，在国都搜捕了庄子三天三夜，但都没有捕到，惠施这才放下心来，谁料第四天，庄子却从什么地方神不知鬼不觉地跑来求见惠施。庄子看到惠施说："你知道南方有一种鸟，叫作鹓（yuān）雏吗？它从南海飞到北海的一路上，非梧桐树不栖息，非竹子果实不吃，非泉水不喝。当鸱拾到一只腐烂的老鼠，鹓雏从它的面前飞过，鸱害怕鹓雏会抢它的鼠肉，于是仰头发出怒斥声。现在你也想用你的相

庄周故里

位来威胁我吗？"在这则故事中，庄子将自己比作鹓雏，将惠子比作鸱，把功名利禄比作腐鼠，讽刺了惠子醉心于官场的丑态，表明了自己无意于功名利禄的清高品质。

庄子论鱼

　　一日，庄子与惠子一同在濠水的桥上游玩，两人对是否知道"鱼乐"的问题有了一段辩论。庄子说："鱼儿在水中游得多么悠闲自得，这就是鱼儿的快乐。"惠子说："你又不是鱼，哪里知道鱼的快乐？"庄子说："你又不是我，怎么知道我不知道鱼儿的快乐？"惠子说："我不是你，当然不知道你的想法，你也不是鱼，怎会理解它的快乐？"庄子说："接着回答前面的问题，我是在濠水的桥上知道鱼儿快乐的。"两人在一问一答中表现了他们敏捷的思维以及对事物不同的认知，庄子认为的"鱼乐"体现了他内心愉悦的心境。

知鱼桥，以庄子和惠子"子非鱼"的典故命名

庄子梦蝶

庄子还在担任漆园吏的时候，没事就在家中空想。一日睡觉时，他突然做了一个梦。他梦到自己幻化成一只蝴蝶，在空中飘飘荡荡，十分惬意。醒来之后，庄子惊惶不定，仿佛忘记了自己的身份，不知到底是自己在梦中变为蝴蝶，还是蝴蝶在梦中变为自己。这个故事体现了物与"我"的交合与变化，经常被哲学家和文学家所引用。

 延伸思考

找出《庄子》一书中能够体现庄子处世态度的重要句子，并仔细品味。

 成语

踌躇满志

踌躇，从容自得的样子；满，满足；志，意愿。形容对自己取得的成就非常得意。

庄子雕塑

诗文链接

读庄子

唐·白居易

庄生齐物同归一，我道同中有不同。

遂性逍遥虽一致，鸾凰终校胜蛇虫。

法家大成　见微知理　成语典故

知情明理懂法——《韩非子》

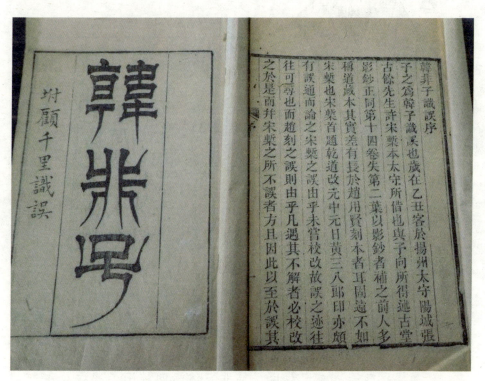

《韩非子》书影

《韩非子》共20卷，55篇文章，除个别篇目外，皆出自韩非之手，书中的文章富含大量的寓言故事和历史资料，议论精辟，推理严密，语言幽默平实，读来耐人寻味，令人深受启发。书中的文章故事性很强，因此流传范围很广，产生了许多至今仍在使用的成语，如"自相矛盾""守株待兔""讳疾忌医""滥竽充数""老马识途"等。

韩非画像

图说

　　韩非（约前280—前233），战国时期韩国都城新郑（今河南省郑州市新郑市）人，杰出的思想家、哲学家和散文家。韩王之子，荀子之学生，李斯同门师兄。他将商鞅的"法"、申不害的"术"和慎到的"势"集于一体；又将老子的辩证法、朴素唯物主义与法融为一体，创立了法家学说，虽没能在自己的故国——韩国——实现理想，但他的法家思想赢得了秦王的青睐，成为秦国治国精要。韩非死于秦国，有记载说，韩非尸体运回韩国，葬在故土，即孤坟摊处，另说葬于九女山古墓群。

一双筷子的启示

　　从前，商纣王热衷使用象牙做的筷子，官居太师的箕子对此感到恐惧不安。他以敏锐的眼光联想到，一旦用上象牙筷子，必然不愿放到陶土大碗里面去随便拈取食物，必定要使用犀角美玉制成的高档奢侈杯具，才能与之相配。使用象牙筷子和高档的奢侈杯具，必定不愿用来装粗劣的杂粮饭和菜叶汤，必定要吃未生出的牦牛、大象和豹的幼胎。吃牦牛、大象、豹胎，必定不会再穿粗布短衣、食住在茅屋之下，必定要穿精美华丽的衣服，住高大宽敞的楼阁亭台。用物质来满足贪婪者的欲望，是永远没有止境的。见一叶落，当知天下秋。箕子害怕将来产生如此危险的结局，所以现在非常恐惧这样的开始。

商小臣艅犀尊

韩非子故乡——河南新郑

延伸思考

从《韩非子》一书中选择一篇故事，用自己的话讲给身边的朋友。

居位五年，穷奢极欲的暴君商纣王果然大量搜刮民脂民膏，建造了用各种肉类装点的园子；设置了大量的铜格子专门用来烤肉；酿酒之多，酒糟堆成高丘，美酒注满大池。终于导致商的灭亡。

窃金不止

在楚国荆山东南，谷地宽广，富含金矿。天然金沙顺着水流泥沙俱下，附着于水流泥沙之中。所以，大量的淘金者从四面八方涌来，偷偷地采金。

官府的采金禁令非常严厉，抓到了偷采金沙者，立即在市街分尸示众。禁令下达后被处以极刑的人不计其数，尸体抛弃于水中，水为之阻塞不流。可是，违法采金还是屡禁不止。因为，不是每个偷偷采金的人都会被官府抓获，还是会有人心存侥幸、铤而走险。

所以，现在若有人问："给你天下所有财富再杀死你，你愿意接受吗？"即便是见识短浅、没有作为的人，也不会做出这种愚蠢的选择。占有天下，多么大的利益诱惑呀！不愿意是因为他已知道必死无疑。

所以，光靠严刑峻法是不够的，必须要杜绝人们的侥幸心理。这正说明了"刑法不当则禁令不止"。

 成语

法网恢恢

法网，严密的法律制度；恢恢，形容非常广大。形容作恶者一定会受到严密法律的惩罚。

莫辨楮叶

春秋战国时代，象牙雕刻工艺技高工巧，当时有个宋国人，用象牙为宋王设计制作了一件极为精致的楮叶工艺品，足足花了三年工夫才完成。长条形的叶柄肥瘦逼真，

楮叶

叶面上繁多的绒毛清晰可见而且富有滋润的光泽。将它混杂在楮树的叶子中，难以分辨真假。这个人就靠奇巧的技艺在宋国享受着优厚的待遇。

道家的列子听说了这件事，感叹道："假如天地之间任何一种植物，三年才能生长出一片叶，那自然界植物的叶子就太少了啊！"

不充分利用大自然提供的各种资源条件，而片面依托个人的本领；不顺应事物的必然规律，而去学步于个人的智巧。这同三年制成一片楮叶有什么区别呢？

所以说："必须依靠万物的自然规律，不能任意行事啊！"

🔗 诗文链接

史记·老子韩非列传（节选）

汉·司马迁

伯阳立教，清净无为。

道尊东鲁，迹窜西垂。

庄蒙栩栩，申害卑卑。

刑名有术，说难极知。

悲彼周防，终亡李斯。

兵家决胜在一书
——《孙子兵法》

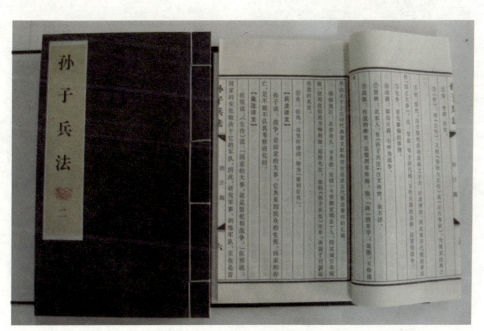

《孙子兵法》书影

《孙子兵法》又称《孙武兵法》《吴孙子兵法》《孙子

兵书》《孙武兵书》，是中国现存最早的兵书，也是世界上最早的军事著作，被誉为"兵学圣典"。全书共13篇，6075字，由春秋时祖籍齐国乐安的吴国将军孙武编写而成，1972年在山东临沂出土。《孙子兵法》内容博大精深，思想精邃富赡，逻辑缜密严谨，是古代军事思想精华的集中体现，唐太宗李世民曾有言："观诸兵书，无出孙武。"《孙子兵法》一书极受中西方的政治家、军事家追捧，在政治、经济、文化等领域运用广泛，被译为英文、法文、德文、日文。

孙武画像

图说

孙武（约前545—约前470），字长卿，春秋末期齐国乐安（今山东省北部）人。中国春秋时期著名的军事家、政治家，被尊称为兵圣或孙子（孙武子），又称"兵家至圣"，被誉为"百世兵家之师""东方兵学的鼻祖"。孙武本是齐国贵族，后经吴国伍子胥的推荐到吴国为官，曾指挥吴国军队以三万之师攻破楚都，创造了中国军事史上以少胜多的奇迹，为吴国立下了卓著战功。后因好友伍子胥的死亡而归隐山林。

吴国隐居写兵书

孙武从小随祖父孙书学习文化，攻读军事典籍，钻研战争谋略，一天天茁壮成长。但是，春秋末年是一个矛盾激烈、战争频发的时代，这使青少年时期的孙武无法平静下来。当时，中原各个诸侯频繁征战，孙武对齐国卿大夫之间无休止的倾轧争斗产生反感，不愿纠缠其间，于是萌发了远奔他乡、另谋出路、施展才华的念头。尤其是齐国名将司马穰苴因齐景公听信谗言将其罢黜，抑郁而死，给孙武的心灵以极大的震动。他不愿再留在齐国，像司马穰苴一样，做卿大夫之间倾轧争斗的殉葬品。当时南方的吴国自寿梦称王以来，联晋伐楚，国势渐盛，很有新兴气象。于是，孙武认定吴国是他理想的施展才能和实现抱负的地方。

齐景公三十一年（前517），孙武正值28岁的青春年华，他毅然从老家乐安出发，长途跋涉，投奔吴国。在吴

1972年4月，在银雀山西汉一、二号墓发掘了《孙子兵法》和《孙膑兵法》

都（今江苏省苏州市）郊外，孙武结识了从楚国投奔吴国的伍员（即伍子胥）。两人都是为避乱从邻国投奔到此，大家都血气方刚，年轻力壮，有理想、有志向，双方又都学过军事、懂得兵略，故谈话十分投机，立刻成了亲密的知友。二人"隐于罗浮山之东"。吴王阖闾继位后深得民心，使吴国在各方面表现出欣欣向荣的气象。面对生机勃勃的景象，孙武心中十分兴奋，他认为施展才能和实现理想的时刻已经到来。因此，他在隐居之地，根据自己学习、积累的军事知识和作战经验，潜心整理并写出他的兵法著作，所著之书就是《孙子兵法》。

孙武在撰著兵法之时，心想的是在吴国闯出一番事业。最后，他在著作中进一步点明主题说："昔殷之兴也，伊挚在夏；周之兴也，吕牙在殷。"（《孙子兵法·用间篇》）伊挚是殷朝的开国大臣伊尹，尹是其官，挚是其名；吕牙是周朝的开国大臣吕尚（即姜太公），牙是其字子牙的简称。

中国山东孙子兵法城

孙武用这样的历史作结尾，是希望"明君贤将"用他的计谋，"必成大功"。显然，他的理想是要在当时四分五裂的华夏国土上建立起像殷、周那样的统一王朝。他期待吴王去完成这样的大业，做汤式、武式的帝王；而自己就是辅佐统一王朝建立的开国元勋，如同伊、吕般的人物。

知己知彼，百战不殆

"知己知彼，百战不殆"意为如果对敌我双方的情况都能了解透彻，打起仗来就不会有危险。语出《孙子兵法·谋攻篇》："知己知彼，百战不殆；不知彼而知己，一胜一负；不知彼，不知己，每战必殆。"这个兵法学上的至理名言，被许多古今中外杰出者践行。

唐朝开国之初，政局未稳，边境时常受到外族干扰，面对这种状况，唐高祖李渊一时无计可施，只好决定将京都迁移出长安。李渊的儿子李世民骁勇善战、年轻有为，对于父皇的决定坚决反对，认为大唐皇朝成立之初，区区几个外族闹事就要搞得迁都，国威何在？于是请命带领军队到泾阳展开战斗。

双方实力悬殊，敌方有兵20多万人，而李世民所带军队不过百人。但是令敌方首领惊讶的是，李世民居然天不怕地不怕，仅仅带着100名骑兵就直奔阵前说："我们已与你们首领结盟，今日为何违约来犯？如果你们真有本事，就请领军与我李世民一人来决战。如果派兵攻打，我这百名士兵将拼死迎战，决不后退。"李世民如此的阵势，加上他神情镇定威严，使得敌方首领认为大唐肯定设有埋伏，因此不敢下令进攻。李世民见状又说："你以前

🔆 **延伸思考**

在日常学习生活中，你经历过成功与失败吗？从中你总结出什么经验了呢？

与我们有盟约，今日出兵袭扰，为何不守信用？"这一反问使得对方哑口无言，李世民的种种胆大的行为不得不使对方相信军情已泄露出去了。鉴于这种状况，只好退兵，待时机成熟时再出战。

李世民设计突击敌军，使他们仓皇而逃。一时间，李世民的军队士气高昂，大家都认为要乘胜追击。李世民却认为，大唐皇朝建立才不久，应该以休养生息为主，而不是一味好战。于是，李世民与对方会盟，并赠其大量金帛，目的是"将欲取之，必固与之"。从此大唐边境和谐安定。李世民深知敌方的心态，因此采用一系列离间战术，然后采取突击获胜，真可谓"知己知彼，百战不殆"。

成语

知己知彼

原意是如果对敌我双方的情况都能了解透彻，打起仗来就可以立于不败之地。泛指对双方情况都很了解。

🔗 **诗文链接**

汝州王学士射弓行（节选）

宋·李廌

汝阳使君如孙武，文章绝人喜军旅。

要知谈笑能治兵，戏教红妆乐营女。

白氎新袍锦臂鞲，条脱挂弓腰白羽。

彩错旌旗照地明，傍花映柳陈部伍。

须臾观者如堵墙，仿佛如临矍相圃。

微言大义晓春秋

——《春秋三传》

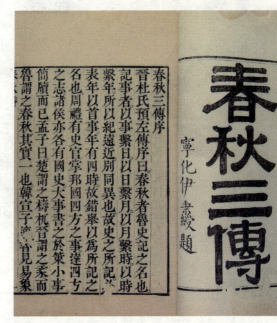

《春秋三传》古籍书影

《春秋三传》是《春秋左氏传》（简称《左传》）、《春秋公羊传》（简称《公羊传》）、《春秋穀梁传》（简称《穀梁传》）的合称。由于《春秋》每篇文章言简义深，很难理解，因此出现了对《春秋》一书进行注释的学说，最有名的有左氏、公羊、穀梁三家，另外还有邹氏、夹氏二家，但后二家在汉朝就已经失传了。

  《左传》相传是春秋末年鲁国的左丘明所作，共35卷，是"十三经"中篇幅最长的一部。《公羊传》据传作者为子夏的弟子，战国时齐人公羊高，全书留传下的有11卷。西汉景帝时，传至玄孙公羊寿，由公羊寿与胡母生一起将之记于竹帛之上。《穀梁传》传说是孔子的弟子子夏将其口头传给穀梁赤，穀梁赤又将它写成书记录下来所得，有12卷留传下来。

左丘明画像

图说

  左丘明（前502—前422），丘氏，名明。丘穆公吕印的后代，楚国名臣左史倚相的孙子。本名丘明，因其先祖曾任楚国的左史官，故在姓前添"左"字，故称左史丘明先生，世称"左丘明"，后为鲁国太史。他是当时著名史家、学者与思想家，著有《春秋左氏传》《国语》等。他品行高洁，为孔子推崇，称"左丘明耻之，丘亦耻之"；汉司马迁亦称其为"鲁君子"，且以"左丘失明，厥有《国语》"为己著述《史记》的先型典范。左丘明所作的《春秋左氏传》，成为如今流传最广泛的《春秋》著作。

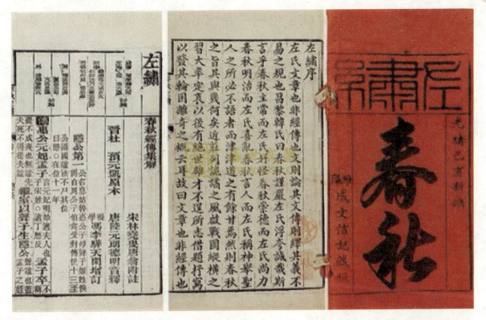

光绪年《春秋经传集解》书影

图说

　　《春秋》是我国历史上第一部编年体史书。记载了鲁隐公元年（前722）到鲁哀公十四年（前481）间的历史，其间12个鲁国国君，共计242年的时间。由鲁国的史官编写，孔子在春秋末期加以整理而成史书。全书共17000字，字数最多的条目不过47个字，最短的仅有一个字。所记载的史实只是个大纲或提要，很难让人弄清事情的原委，因此出现了为其作注解的"传"。《春秋》记载的史实，以政治活动为最多，其中各国之间的征战占全书的40%；会盟和朝聘各占20%；婚丧、祭祀等占10%。日月食、星变、虫灾、地震等"灾异"占10%。

"春秋笔法"也叫"春秋书法"或"微言大义",是孔子创作的一种书写历史的叙事技巧、方法。简单来说,是指文章中不直接发表作者的观点或看法,而是在对人物、事件、细节的描写叙述中表现出褒贬、善恶的趋向或评价的一种写作方法。这种方法经久不衰,流传至今。

黄泉之誓,掘地见母

春秋时期郑国的郑庄公,因出生时脚先出来而被取名为"寤生",他的母亲姜夫人很不喜欢他,却极偏爱他的弟弟段。郑庄公作为长子顺理成章地被立为太子,但姜夫人却多次向丈夫郑武公提出要改立段为太子,郑武公以长幼有序为由,一直没有答应。郑武公去世后,郑庄公接任国君之位,而段却恃宠而骄,密谋与姜夫人废掉庄公自立为君。庄公发觉后率军讨伐,段走投无路,自刎而死。

郑庄公因此对母亲非常怨恨。段死后,就下令把母亲安置到了颍地,并发下毒誓:"不及黄泉,不再相见。"然而他回到国都后,不觉思念起母亲来,叹道:"我因为不得已而杀了弟弟,怎么能再抛弃母亲呢?"但既已立下毒誓,实在不好反悔。

颍谷有个人叫颍考叔,为人非常正直,听说郑庄公的事后说道:"母亲虽然不像母亲,但儿子能够不像儿子吗?"于是就捉了几只猫头鹰献给庄公。庄公见了之后问道:"这是什么鸟?"颍考叔说:"这种鸟叫鸮,还是幼崽时,它妈妈一口一口把它养大,等它长大了之后,却吃掉它妈妈,是一种不孝之鸟,因此我捉了它把它吃掉。"

　　庄公听后默然无语。这时正好厨师把烤羊肉送了上来，庄公就赐给颍考叔一条前腿。颍考叔却专拣好肉割下包好，藏在袖内，庄公好奇地问他原因。颍考叔说："我家有老母，因为家贫，每天只能吃野菜，从来没吃过这么好的东西。现在您赐给我这么好的食物，我自己在这享受，老母亲却尝不上一口，我十分心酸，所以我要带一些回去给老母亲吃。"

　　郑庄公听后长叹一声，颍考叔问其缘由，庄公说："你有老母亲可以奉养，能尽人子之心，我虽贵为国君，却无法享受天伦之乐。"颍考叔假装不知缘由地问："姜夫人身体不是一直很好吗？您怎么却说没有母亲呢？"于是庄公将自己与母亲的事说了出来，并感叹道："已经立下'黄泉相见'的毒誓，现在后悔已经来不及了。"

郑庄公雕像

"郑庄公掘地见母"连环画插图

延伸思考

"黄泉之誓"这则故事取材于《左传》中的《郑伯克段于鄢》这篇文章，看过这段文字后，你是否赞同郑庄公的做法？说说你赞同或不赞同的理由。

颍考叔听后说："段已经死了，姜夫人就您这么一个儿子了，您要是再不孝顺，那与鸮有什么不同呢？我有一个计策可以不违背誓言又让您母子和好。"庄公忙问是何计。颍考叔说："挖一条隧道，一直通到地下，在里面建一间屋子，先把姜夫人迎到屋子里居住，然后母子再在屋中相见，这不就是黄泉相见了吗？"

郑庄公听后非常高兴，马上安排人按照颍考叔的计策挖了地道，并将姜夫人接到了地下室。郑庄公来到地下室见母亲："能在地道里见到母亲真是太高兴了。"于是母子二人抱头痛哭，和好如初。庄公扶着母亲从地道出来，亲自驾车把母亲接回了国都，人们看到后，都称赞庄公是个孝顺的儿子。

关羽秉烛达旦，夜读《春秋》

东汉建安五年（200），曹操挥师东征蜀州，在徐州一战大获全胜，并将刘备的两位夫人和关羽俘获。曹操求贤若渴，十分欣赏关羽的才能，想方设法要收服关羽到自己的麾下。不但三日一宴，盛情款待，还拜他为偏将军，赐宅地建造楼阁，但关羽始终不为所动。

见"利诱"的办法不行，曹操便故意只给关羽和两位夫人一间破屋，想以"乱其君臣上下之礼"的名目污损关羽的名节，迫使他无颜面对刘备。结果关羽只请两位嫂嫂入住屋内，自己却在院中秉烛夜读《春秋》，关羽时而朗声念道："士不可以不弘毅，任重道远，仁以为己任，不亦重乎？死而后已，不亦远乎？"曹操隔墙侧耳窃听，轻声叹道："关云长乃真英雄也！"第二天曹操便赶紧为两位刘夫人另行安排后室居住。后室前有一水池，名叫"雷池"，关羽每日清晨必向两位嫂嫂问安，但从不跨过"雷池"进入后室，"不越雷池一步"就是由此而来。

关羽忠于刘备，牢记刘备的嘱托，信守对兄长的承诺，保守对礼义的坚持，他夜读《春秋》的故事永远激励着后人。

延伸思考

你有秉烛达旦的经历吗？说一说你秉烛达旦的原因。

河南许昌的春秋楼

河南许昌春秋楼中关羽夜读《春秋》雕塑

 成语

不越雷池

比喻不敢超越一定的范围和界限。

 **诗文链接**

斋中杂兴十首以丈夫贵壮健惨戚非朱颜为韵·其三

宋·陆游

公议在天下，如人有元气。

平居失护养，一旦可胜讳。

神丹卒难求，百疾起如猬。

奄奄息仅属，熟视吁可畏。

大义在春秋，遗迹悲汉魏。

君看徐孺子，底物视富贵。

纪传新体

贯通古今

开创先河

史家的千古绝唱——《史记》

《史记》书影

　　《史记》是西汉史学家司马迁撰写的纪传体史书，是中国历史上第一部纪传体通史，记载了上至传说中的黄帝时代、下至汉武帝太初四年间共3000多年的历史。太初元年（前104），司马迁开始了《太史公书》即后来被称为《史记》的史书创作。前后经历了14年，才得以完成。《史记》全书包括记述历代帝王政绩的十二本纪，记诸侯国和汉代诸侯、勋贵兴亡的三十世家，记重要人物的言行事迹的七十列传，大事年表的十表，记各种典章制度记礼、乐、音律、历法、天文、封禅、水利、财用的八书，共130篇，526500余字。

《史记》被列为"二十四史"之首，与后来的《汉书》《后汉书》《三国志》合称"前四史"，鲁迅誉其为"史家之绝唱，无韵之《离骚》"，对后世史学和文学的发展都产生了深远影响。

司马迁画像

图说

司马迁，字子长，夏阳（今陕西韩城南）人，生于公元前145年，去世年份不可考，西汉史学家、文学家、思想家。司马谈之子，任当朝太史令，因替李陵败降之事辩解而受宫刑，后任中书令。发奋著述，完成《史记》一书，开创了纪传体史书的先河，为后世史学家编写史书提供了一种全新的角度和方法，司马迁因此被后世尊称为史迁、太史公、历史之父。

还未认字便爱读书

　　司马迁幼年是在韩城龙门度过的，他小时候是个爱静不爱动的孩子，他最喜欢的事情，就是跟着父亲司马谈。白天小朋友们都在外边玩儿，司马迁却搬个小板凳坐到父亲身边，听他读书，看他写字、画画。"父亲的大笔可真神奇！"小司马迁心里想。晚上吃过饭，司马迁蹦着跳着扑到父亲怀里，"父亲，今天讲什么故事呀？"于是，司马谈每天都会为司马迁讲一段故事。

　　随着司马迁一天一天长大，他有了一个问题："为什么父亲知道那么多的事情，会讲那么多的故事呢？"

　　原来父亲都是从书上看到的，可司马迁翻了翻，他一点儿都看不懂，急得都要哭了。

　　从那天开始，司马迁跟着父亲开始学认字了。

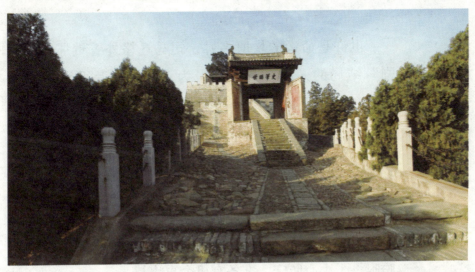

陕西韩城司马迁祠墓

司马迁 10 岁就阅读古代的史书。他一边读一边做摘记，不懂的地方就请教父亲。由于他格外勤奋和聪颖，有影响的史书都读过了，中国古代的历史在他头脑中有了大致轮廓。后来，他又拜大学者孔安国和董仲舒等人为师。司马迁学习十分认真，遇到疑难问题，总要反复思考，直到弄明白为止。在父亲的熏陶下，他从小立志做一名历史学家。

从 20 岁起，司马迁开始到各地游历，考察历史和风土人情，为他日后编写史书提供了充足的史料。做太史令后，他常有机会随从皇帝在全国巡游，又搜集了大量的历史资料。他还如饥似渴地阅读宫廷收藏的大量书籍，收集了各种重要的史料。由此可见，父亲的志趣和品格对于孩子的影响是多么重要，父亲对孩子从小的教导、激励和培养，又是多么不可缺少的事！

西楚霸王乌江自刎

也许是命运的坎坷多舛，司马迁格外看重那些"悲剧"结局的人物，其中他最为青睐的便是西楚霸王项羽，《史记·项羽本纪》中详细记载了项王"乌江自刎"的史实。

公元前 202 年，韩信布置十面埋伏，把项羽围困在垓下（今安徽灵璧县东南）。项羽的人马少，粮食也快吃完了。他想带领一支人马冲杀出去，但是汉军的人马把楚军包围得重重叠叠。项羽没法突围，只好仍回到垓下大营，吩咐将士小心防守，准备有机会再出战。

这天夜里，项羽正在营帐中休息，突然听到四面传来西楚的民歌，心里纳闷以为刘邦的军队已经打了过来，心中不甘失败，随口唱起一曲悲凉的歌来："力拔山兮气盖世，时不利兮骓不逝。骓不逝兮可奈何，虞兮虞兮奈若何？"项羽的爱姬虞姬也跟着唱起来。霸王唱着唱着，禁不住流下了眼泪。旁边的侍从也都伤心得抬不起头。

当夜，项羽跨上乌骓马，带了八百名子弟兵冲过汉营，马不停蹄地往前跑去。到了天蒙蒙亮时，汉军才发现项羽已经突围，连忙派了五千骑兵紧紧追赶。项羽一路奔跑，渡过淮河，部下士兵只剩下一百多人了。又跑了一程，项羽却迷了路，来到一片沼泽地带，想要转头返回，却发现汉兵已经追了上来。

项羽奋力杀出汉兵的包围，带着26名兵士一直往南跑去，到了乌江（在今安徽和县东北）。恰巧乌江的亭长有一条小船停在岸边。

延伸思考

你是否赞同项羽的做法？理由是什么？

《项羽本纪》雕刻

亭长劝项羽马上渡江，说："江东虽然小，可还有一千多里土地，几十万人口。大王过了江，还可以在那边称王。"

项羽苦笑了一下说："我在会稽郡起兵后，带了八千子弟渡江。到今天他们没有一个能回去，只有我一个人回到江东。即使江东父老同情我，立我为王，我还有什么脸再见他们呢。"

他把乌骓马送给了亭长，也叫兵士们都跳下马。他和26名兵士都拿着短刀，跟追上来的汉兵肉搏起来。他们杀了几百名汉兵，楚兵也一个个倒下。项羽受了十几处伤，最后在乌江边拔剑自刎。

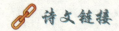 诗文链接

奉和御制读史记诗

宋·夏竦

陶唐明历象，茂气与天通。

举正分星度，归馀定岁功。

孟陬名不殄，南正道弥隆。

自此垂三代，循环协大中。

借旧事之理，治今日之国
——《资治通鉴》

《资治通鉴》书影

　　《资治通鉴》（常简作《通鉴》），由北宋司马光主编的一部多卷本编年体史书，历时19年完成。主要以时间为纲，以事件为目，从周威烈王二十三年（前403）写起，到五代后周世宗显德六年（959）征淮南停笔，涵盖16朝1362年的历史。

在这部书里，编者总结出许多经验教训，供统治者借鉴，宋神宗认为此书"鉴于往事，有资于治道"，即以历史的得失作为鉴诫来加强统治，所以定名为《资治通鉴》。《资治通鉴》全书294卷，约300多万字，另有《考异》《目录》各30卷。《资治通鉴》是中国第一部编年体通史，在中国官修史书中占有极重要的地位。

毛泽东曾17次批注过《资治通鉴》，并评价说："一十七遍。每读都获益匪浅。一部难得的好书……中国有两部大书，一曰《史记》，一曰《资治通鉴》，都是有才气的人，在政治上不得志的境遇中编写的……《资治通鉴》里写战争，真是写得神采飞扬，传神得很，充满了辩证法。"

司马光画像

图说

司马光（1019—1086），字君实，号迂叟，陕州夏县（今山西夏县）涑水乡人，世称涑水先生，北宋政治家、史学家、文学家。作为北宋著名政治家，他历任仁宗、英宗、神宗、哲宗四朝，最盛时担任当朝宰相。因反对王安石的变法而被宋神宗疏远，于是离开朝廷15年，主持编纂了中国历史上第一部编年体通史《资治通鉴》。

《资治通鉴》的第一位读者

《资治通鉴》是按时间先后叙说史事，往往用追叙和终言的手法，说明史事的前因后果，容易给人留下系统而明晰的印象。它的内容以政治、军事的史实为主，借以展示历代君臣治乱、成败、安危之迹，作为历史的借鉴。

根据《宋史》的记载，司马光曾说，自他完成这部《资治通鉴》之后，很多人前来请求阅览此大作，但多数人，只不过是看了一两页，就直打呵欠，只有王胜之，能够把它全部读完。

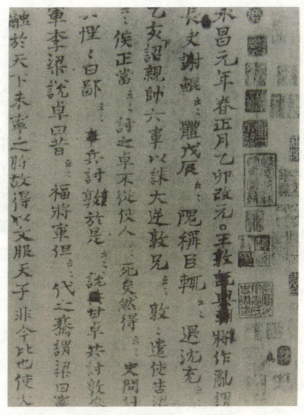

宋·司马光《资治通鉴》手稿残卷（局部）影印版

那么，王胜之是谁呢？其实，胜之是个字，这个人的名字是王益柔，北宋名臣王曙之子。他也是仕途中人，虽职位不高，但在当时却极有名气。范仲淹推崇他，司马光欣赏他，只因他为人刚直，崇尚气节，且十分好学，博通群书。他能够读完司马光所著《资治通鉴》，便可知悉一二。须知《资治通鉴》的完本，是在神宗元丰七年（1084），那一年，王益柔已经年到古稀。如此高龄，却依旧如此好学，当真是活到老学到老的典范。

司马光尝语人曰："自吾为《资治通鉴》，人多欲求观读，未终一纸，已欠伸思睡。能阅之终篇者，惟王胜之耳。"

《资治通鉴》的书名是怎么来的

《资治通鉴》是由北宋著名的政治家、历史学家司马光主持编撰的一部编年体的通史巨著。一开始，书名并不叫《资治通鉴》。北宋神宗时期，王安石主持变法，而作为反对变法的旧党首领司马光则主动要求出京为官。在他外放做官期间，他将自己酝酿已久的编著一本既系统又简明扼要的通史的想法付诸了行动。其实，早在宋英宗治平元年（1064），司马光就曾经把自己编写的史书《历年图》二十五卷呈献给宋英宗，后又呈过八卷本的《通志》。英宗看后，非常满意，要他继续写下去，并下诏设置书局，供给费用，增补人员，专门进行史书的编写工作。宋神宗即位后，认为《通志》比其他的史书更便于阅读，也易于借鉴，就召见司马光，大加赞赏，说该书"鉴于往事，有资于治道"，并亲赐书名为《资治通鉴》，还亲自为书作序。神宗还将颖邸旧书三千四百卷赏给司马光参考，写书所需的笔、墨、纸、砚以及伙食、住宿等费用都由朝廷供给，这给司马光提供了优厚的著书条件，同时也促进了这部史书的编修工作。到神宗元丰七年(1084)，《资治通鉴》终于完稿，前后共用了十九年的时间。

司马光在编修《资治通鉴》时，妥善地将纪传体融入编年体中，使纪传之详细与编年之简明结合起来。以往我国古代编年体史书因按年纪事，故没有篇目、不作目录，只是以年检索。司马光突破这种旧例，将史书分三部分，把年表、帝纪、历法、天象、目录、举要及索引集于一处，开创了编年体史书多功能目录的新体例，使《资治通鉴》更臻于完善，将中国历史书籍编纂的水平推上了一个台阶。

司马光雕像

　　司马光对《资治通鉴》文献整理的思想、文献整理的模式及方法，不仅结出了丰硕成果，丰富了中国古典文献学理论，而且对文献学的发展也产生了深远的影响。

　　《资治通鉴》自成书以来，历代帝王将相、文人墨客、各界要人争读不止。点评批注《资治通鉴》的帝王、贤臣、鸿儒及政治家、思想家、学者不胜枚举、数不胜数，并一直作为历代君王的必读书。

　　司马光的《资治通鉴》与司马迁的《史记》并列为中国史学的不朽巨著，人们常称颂二人为"史学两司马"。

 诗文链接

和张芸叟左司被赐资治通鉴

宋·范祖禹

六世承平有史臣，绅书东洛布成均。

网罗遗佚三千载，采撷精华十九春。

天作冠篇坟曲大，上思稽古宪章新。

乌台御史辞雠校，头白空馀汗简人。

名山大川

地理美学

文学价值

踏遍山河万里，永葆赤子之心——《水经注》

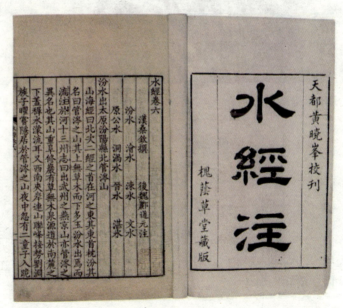

《水经注》书影

《水经注》是中国古代地理名著，共40卷。作者是北魏晚期的郦道元。《水经》一书原本只有1万余字，后来郦道元写成的《水经注》足有30多万字，书中所记大小河流1252条，山岳、丘阜地名就有近2000处，植物品种多达140余种，动物种

类超过100种，水灾共30多次，地震有近20次，县级城市和其他城邑共2800座，古都180座，以及许多其他人文地理方面的资料。《水经注》一书文笔绚烂，语言清丽，具有极高的文学价值，后世的文人学者多有引用借鉴。

郦道元雕像

图说

郦道元（472—527），字善长，范阳涿州（今河北涿州）人。平东将军郦范之子，南北朝时期北魏地理学家、散文家。自幼博览群书，先后游览河南、山东、山西、河北、安徽、江苏、内蒙古等地，循着《水经》一书的记载每到一地便勘察水流地势，探查源头，记述当地的寓言故事、神话传说、民风民俗，后辑录成《水经注》一书。

为国丈量每一寸土地

郦道元曾在自己书中的序文里写道：古代地理书籍，《山海经》过于芜杂，《禹贡》《周礼·职方》只具轮廓，《汉书·地理志》记述又不详备，而一些都、赋限于体裁不能畅所记述，《水经》一书虽专述河流，具系统纲领，但未记水道以外地理情况。

他在游历大好河山时所见所闻十分丰富，为了把这些丰富的地理知识传于后人，所以选定《水经》一书为纲来描述全国地理情况。另外，他认识到地理现象是经常变化的，上古情况已很渺茫，其后部族迁徙、城市兴衰、河道变迁、名称交互更替等都十分复杂，所以他决定以水道为纲，可以进而描述经常变化中的地理情况。而更重要的是，他当时身处政局分裂时代，向往祖国统一，着眼于《禹贡》所描写的历史上曾经出现过的版图广大的祖国，他利用属于全国的自然因素河流水系来作纲，把当时人为

晋·郭璞《山海经传》（仿本）

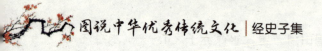

的政治疆界限制打破。

《水经注》书稿劫后余生

郦道元为人办事谨慎，为官廉洁奉公，因而受到御史中尉李彪的赏识。北魏迁都洛阳后，郦道元被李彪推荐为治书侍御史，主管北魏中央的档案和图书秘籍。这正是郦道元梦寐以求的差事。

孝文帝推崇中原文化，雅好诗书。因此，他尤其重视搜集中原的文物和图册。北魏迁都洛阳时，不仅将藏于平城的图书一并迁来，而且于第二年夏天下诏征集天下散佚书籍。这样，许多藏于私家的孤本秘籍被集中到京师洛阳，为郦道元提供了优越的读书条件。

经过长期思考，郦道元决定用注释《水经》的形式，以主要河流为纲，以支流为目，写一本全面系统、脉络分明、内容丰富的新的地理专著，即《水经注》。

在执行公务之余，郦道元还跋山涉水，亲临人迹罕至的山林，找到了许多河流的源头。他不仅重视实地考察，而且重视民间"采访"。《水经注》中的许多神话故事、民间传说、歌谣、方言、谚语等，都是他从民间搜集来的。

公元524年，郦道元历时10年完成了《水经注》，这是一部30多万字的巨著，是一部独立的古典名著。据《水经注》研究专家陈桥驿教授推测，《水经注》书稿当时应被朝廷书库收藏。

北魏灭亡时，洛阳被焚毁，城内许多建筑被烧得荡然无存，朝廷书库无疑也化为灰烬。令人称奇的是，郦

延伸思考

找一找《水经注》里有没有你家乡的地理记载。

道元的《水经注》40卷，竟完整地收藏在隋朝的皇家书库里，这是人们后来从皇家的藏书目录《隋书·经籍志》中得知的。隋朝藏书被唐朝接收后，唐朝的皇家藏书目录《旧唐书·经籍志》和《新唐书·艺文志》也都照录不误。

郦道元故居

图说

　　郦道元故居，位于河北涿州东道元村，占地约800平方米，坐北朝南，有正房五间，内塑有郦道元仿铜像一座，两侧有大型山水人物壁画，室内展有各代咏郦道元故居的诗词和咏郦亭的诗词。

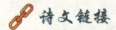 成语

重峦叠嶂

连绵的山。指山峰一个接着一个，连绵不断。

诗文链接

读《水经注》

佚名

谁遣清风远秀川，天涯劲旅牧苍烟。

餐霜饮雪行云醉，宿露洗尘抱谷眠。

不惜家当全耗尽，何须羞涩半枚钱。

小留兴致水经注，更驾情怀写自然。

汉字千年故事多
——《说文解字》

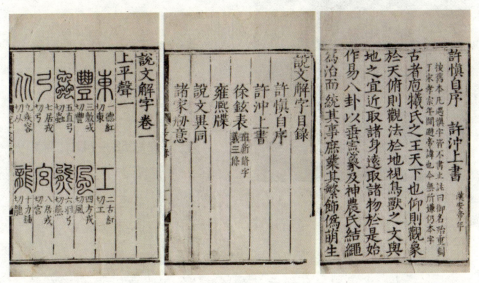

《说文解字》书影

　　《说文解字》简称《说文》，是中国第一部系统地分析汉字字形和考究字源的字书，也是世界上较早的字典之一。《说文解字》原文以小篆书写，全书共15卷，以小篆为研究对象，同时参照小篆以外的古文、籀文，其中1至14卷为文字解说，15卷为叙目，每卷都分上下两篇，实为30卷。共分540个部首，收字9353个，另有"重文"（即异体字）1163个，共10516字。《说文解字》是科学文字学和文献语言学的奠基之作，在中国语言学史上有极其重要的地位。《说文解字》从上万个汉字中区别其偏旁和部首，分类归纳成540个部类，开启了汉字按部首编排的汉字字典编排方法。直至当今使用的汉语字典、词典，仍然使用部首检字法编排。

许慎画像

图说

许慎（约58—147），字叔重，东汉汝南召陵人（今河南省漯河市召陵区姬石镇许庄村），《后汉书》曾记载他"性淳笃，少博学经籍，马融常推敬之，时人为之语曰'五经无双许叔重'"。因许慎所著的《说文解字》闻名于世界，所以研究《说文解字》的人，皆称许慎为"许君"，称《说文解字》为"许书"，称传其学为"许学"。

《说文》成书颇曲折

　　据悉当年许慎在编撰《说文解字》时，有一次遇到了"窦"字的含义解释，当时窦太后当朝，而窦字的含义又不怎么好，但是许慎并没有避开这个名讳，毅然地将"窦"的意思解释成"洞"。更严重的是，许慎还将"狗窦"注释为狗洞，这一下子可真的就惹恼了窦太后，将许慎革职归乡。后来，太后受到奸臣的挑唆，更是气急败坏地要取许慎的脑袋。

　　所幸许慎最终没有被赐死，他能活下来不是因为太后开恩，而是幸亏了他的妻子。许慎的妻子名叫天赐公主，为何会叫这个名字呢？坊间有一种说法，称在一个月黑风高的夜晚，宫中突然吹来一个如花似玉的姑娘，挂在树枝上，太后对她一见如故，甚是喜爱，就将之收在身边，赐名天赐公主。

许慎文化公园

后来许慎入宫当官，太后就将天赐公主许给了许慎做妻子。所谓嫁鸡随鸡，许慎被免官以后，天赐公主也就跟着丈夫回家了。天赐公主得知夫君将要被赐死，于是出了一个主意，假称许慎病故，当着众人的面将许慎下葬。谁知墓中有乾坤，里面造了书房、卧室供许慎写书、休息。每到夜晚，天赐就前来送饭相伴，正是在这样的环境下，许慎完成了传世千年的名书——《说文解字》。

一字即一生

"婚"字在《说文》中记为："妇家也。礼：娶妇以昏时，妇人阴也，故曰婚。从女，从昏，昏亦声。（呼昆切）"

"婚"字分开来看好像是说一个女人在黄昏。据记载，古人的结婚是"抢婚"。既然要抢婚，那就不能大白天去了，就只好傍晚黄昏的时候去抢婚；还有一种说法是女人昏了头才嫁给男人做老婆，结果结婚了又后悔了，又哭得昏天暗地了。从审美角度来看这个字，黄昏的时候人烟稀少，一个美丽的少女站在村口望着远方的道路，她在等她的情郎。只有傍晚的时候他们才能幽会一会儿，这是她一天中最喜悦的时候，因为白天在世俗人的眼中，一个待字闺中的女孩儿跑出来幽会情郎是一件令人不齿的事情。情郎会带给她喜爱的礼物，这也是他们的定情礼物。早上一对恋人出来幽会也不大可能，中午太阳晒着出来幽会也不可能，只有傍晚，劳作了一天终于有空跑出来了。傍晚，昏昏欲睡的太阳也回家了，古藤老树昏鸦，一幅唯美的画面就这样呈现了出来。

河南漯河许慎墓

字里乾坤趣事多

　　相传，三国时代，有人献给曹操一盒酥，曹操顺手在盒子上写了"一合酥"三个字，杨修看到后，立即把这盒点心分给众人吃了，曹操不悦责怪他，杨修却辩解说："您明明在盒子上写了'一人一口酥'，我们怎么敢违抗丞相您的命令呢?"杨修故意将"合"字当作"人一口"三个字来理解，完全曲解曹操的意思，而曹操也只能表面宽容笑对臣下，但也正是这一点一滴的小事让曹操对杨修的厌恶越发强烈，最终导致杨修的惨死。

　　传说，唐朝武则天在做了皇帝之后，想要为自己取个新名字，却又觉得现有的这些字都不足以表达她现在的地位，于是就想要自己重新造一个字。当时世人对日、月有一种虔诚的信仰，都觉得日、月是神圣的，于是，武则天就打算把自己的地位比肩日月，像日月一样永远高悬在天空，因此就有了"曌"这个字，按照字形理解"日"和"月"高悬在"天空"之上，多么神圣、伟大，正如武则天想要世人看待自己的模样。

 成语

咬文嚼字

形容过分地斟酌字句。多用来讽刺死抠字眼而不注重整篇、整段的精神实质。后指故意卖弄学识，也指十分认真地斟酌字句。

 诗文链接

评《唐写本说文解字木部笺异》

清·曾国藩

许书略存二百字，古镜一扫千年尘。

篆文已与流俗殊，解说尤令耳目新。

乾嘉老儒耽苍雅，东南严段并绝伦。

就中一字百搜刮，诘难蠭起何斯斯。

暗与此本相符契，古辙正喝今时轮。

品味诗文的美妙

——《文心雕龙》

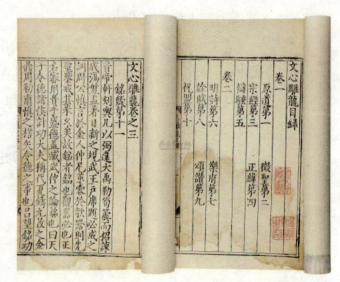

古籍《文心雕龙》书影

　　《文心雕龙》是一部理论系统、知识结构严密、论述细致的文学理论专著，同时也是中国文学理论批评史上第一部有严密体系的、"体大而虑周"（章学诚《文史通义·诗话篇》）的文学理论专著，由中国南朝文学理论家刘勰所创作。

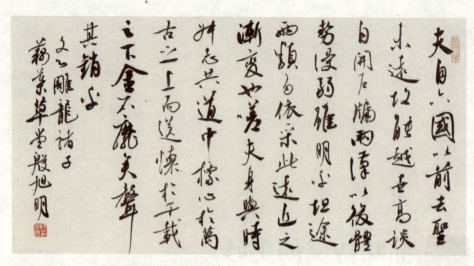

殷旭明作品·行草书·《文心雕龙·诸子》

　　《文心雕龙》是以孔子的美学思想为基础，同时还兼采道家学说，道家学说中的道被认为文学的本源，而圣人被认为文人学习的楷模。

　　《文心雕龙》虽然有不可避免的历史局限性，书中文章也会受到某些思想的影响，但是它在论述具体的文学创作时，表现出朴素的唯物主义的文学观。书中对文学创作、文学批评以及文学特点、规律等一系列问题，提出了富有独特性的、精辟透析的见解，因此它在中国文学理论批判史上有着举足轻重的地位。

佛前借读的刘勰

　　刘勰从小就勤奋好学，十分珍惜时间，他能在文学方面取得这么大的成就，就是凭借他刻苦读书、钻研文学得来的。刘勰很小的时候就成了孤儿，自己一个人生活很贫穷，所以他从很小的时候就去寺院生活了。在寺院，他只要有时间就会看经书。时间久了，他就对经文产生了浓厚的兴趣，经常会看得十分入迷。他不仅喜欢看书，而且还愿意编写经书，有些经书还流传到现在。

刘勰觉得白天空闲的时间很少，因此他还会在晚上读书。可是当时他生活条件简陋，晚上用蜡烛看书是一件很困难的事，后来他想到了一个好办法，就是到佛堂大殿里读书，因为佛像前的蜡烛在天黑后会点上，所以那里有灯光，于是刘勰每天晚上都会在佛堂的大殿里读书。刘勰经过十年寒窗苦读，写出了《文心雕龙》，成为伟大的文学家。困难与折磨对于人们来说不一定全是坏事，它能将人磨砺成生活中的强者。

刘勰雕像

图说

刘勰，字彦和，中国南北朝时南朝人，他是中国历史上文学理论家、文学批评家。他所编写的《文心雕龙》共10卷，50篇（分为上、下部，各25篇），这部书对后世产生了深远的影响，同时也奠定了它在中国文学批评史上的地位。

《文心雕龙》雕塑

刘勰和沈约

　　刘勰15岁就读了很多书，后来他考上了一个小官，但是刘勰无心官职，一心读书、写书，不久他就辞去官职，带着写好的书稿，朝着京城赶去，想要献给皇帝。他一路爬山过水，风餐露宿，终于来到了京城，但人生地不熟的刘勰连宫门都进不去，又怎么将书稿献给皇帝？好在经过一位老者的提示，刘勰便想到去沈约那里。

　　一早，刘勰背着书稿等候在沈约进宫的路上。沈约的轿子果然来了，刘勰急步来到路中拦住了轿。两个开路护卫一见上去就将刘勰推到路旁，接着又去踢包袱。一脚踢去，把包袱踢开了，50篇文稿稀里哗啦从包袱中飞了出来，扬了一地。这时候，轿中的沈约听到外边的动静，探出头来一看，只见书稿翻飞，便走下轿顺手抓起一本，细看了几页，又粗粗翻了全本，惊讶地说："好书，好书！"

便问刘勰："这书稿是你写的吗?"刘勰回答说："是。"接着沈约问了刘勰姓名,家住哪里,来此为何,刘勰一一做了回答。沈约热情地对刘勰说："请稍候片刻,再到我家叙谈。"沈约进了宫,然后吩咐轿夫回原路将刘勰抬回家中,厚筵伺候。

就这样,刘勰带着书稿,坐着官轿,来到沈约家中,得到厚待。再说沈约,急呼呼地办完公事,提早回了家,将刘勰的50篇文稿一口气读完了。面对着貌不惊人文才却极高的刘勰说："没想到乡间还有这等高才,真是人才难得,人才难得呀!"

从此,沈刘二人天天一道谈古论今,说文论篇,成了志同道合的知心朋友。

经过沈约在皇上面前推荐,《文心雕龙》一书很快问世了。皇上看刘勰文才高超,便想将他留在朝廷为官,然而刘勰心中不愿,最后还是推脱了。

沈约雕像

刘勰写的书得到了皇上的夸奖，并且印刷后在全国发放，一下子轰动全国，拜访刘勰的人络绎不绝，从此刘勰的名声传扬四方。

经典原文——《知音》

《知音》是《文心雕龙》中比较有代表性的文章，它是我国古代第一篇比较系统的文学批评的文章，文章比较全面地论述了文学批评所涉及的特点、态度、方法以及文学批评的基本原理，同时还包含文学批评与创作的关系和文学欣赏等问题。

近代·华世奎《文心雕·龙知音》（楷书节录·四屏）

《知音》原文（节选）：知音其难哉！音实难知，知实难逢，逢其知音，千载其一乎。夫古来知音，多贱同而思古，所谓"日进前而不御，遥闻声而相思"也。昔储说始出，子虚初成，秦皇汉武，恨不同时；既同时矣，则韩囚而马轻，岂不明鉴同时之贱哉！至于班固傅毅，文在伯仲，而固嗤毅云"下笔不能自休"。及陈思论才，亦深排孔璋，敬礼请润色，叹以为美谈，季绪好诋诃，方之于田巴，意亦见矣。故魏文称"文人相轻"，非虚谈也。至如君卿唇舌，而谬欲论文，乃称"史迁著书，咨东方朔"，于是桓谭之徒，相顾嗤笑。彼实博徒，轻言负诮，况乎文士，可妄谈哉！

故鉴照洞明，而贵古贱今者，二主是也；才实鸿懿，而崇己抑人者，班曹是也；学不逮文，而信伪迷真者，楼护是也：酱瓿之议，岂多叹哉！

译文：评论家正确的评论是多么困难啊，评论的确难于正确，好的评论家也是实在不容易遇到，要是碰上正确的评论家，一千年也不过一两个人吧！从古以来的评论家，多数人都看轻同时代的人而仰慕古代的人，正如《鬼谷子》中所说的："天天出现在自己面前的并不任用，很远听到的声名却不胜思慕"。从前韩非子的《储说》刚传播，司马相如的《子虚赋》刚写成，秦始皇和汉武帝看了，都怨恨自己不能跟他们相见；但是后来相见了，结果是韩非下狱了，而司马相如也遭受轻贱待遇，这显而易见是对同时代的人的轻视！至于班固和傅毅，二人的文章作品不相上下，但班固却嘲讽傅毅说："傅毅下笔写文章时便会没完没了，自己不能停止。"还有陈思王曹植评论文人的才能时，也极力贬低陈琳，丁廙请他修改文章，他就称赞丁廙的话说得好，刘修喜欢批评别人的文章，他就把刘修比作爱批评人的田巴，由此看出，曹植的偏见很明显。所以魏文帝曹丕说"文人相互轻视"，这并非空话。以至于像楼护这样摇唇鼓舌的人，便居然荒谬地想要评论文章，说什么"太史公司马迁在写《史记》时，曾咨询请教了东方朔"，于是桓谭等人，都嘲笑楼护的荒谬言论。楼护本来没有地位，信口胡说被人耻笑，何况是一个文人，怎么能随便乱说呢？所以有高超见识又不看重古代而轻视现代的人，那就是秦始皇和汉武帝了；才华横溢，但却只抬高自己而压低别人的人，就是班固和曹植这一类人；没有学识、信口开河的评论文章的人，便属于楼护这

延伸思考

请与你的朋友分享评论你所读过的文章或书籍。

一类：刘歆担心扬雄的著作会被后人用来做酱坛盖子，这难道是多余的慨叹吗?

刘勰与文心雕龙纪念馆

 诗文链接

知音（节选）

梁·刘勰

洪锺万钧，夔旷所定。

良书盈箧，妙鉴乃订。

流郑淫人，无或失听。

独有此律，不谬蹊径。

药为纲，医作术，定死生
——《本草纲目》

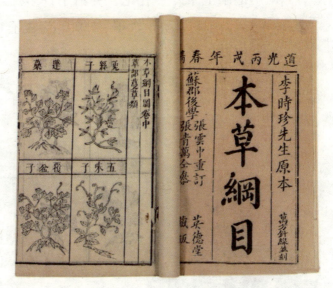

《本草纲目》书影

《本草纲目》共52卷，由明代李时珍（东璧）写于嘉靖三十一年（1552）。卷1、卷2记述本草要籍与药性理论，以及"历代诸家本草"41种；卷3、卷4记录"百病主治药"；卷5～52为各论，收药1892种，附图1109种。其中以部为"纲"，以类为"目"，计分16部（水、火、土、金石、草、谷、菜、果、木、服器、虫、鳞、介、禽、兽、人）60类。各部按"从微至巨""从贱至贵"排列，既方便检索，又体现出生物进化发展思想。达尔文（Charles Robert Darwin）称《本草纲目》为"中国古代百科全书"。英国李约瑟（Joseph Needham）称赞李时珍为"药物学界中之王子"。《本草纲目》为本草学集大成之作。刊行后，很快流传到朝鲜、日本等国，又先后被译成日、朝、拉丁、英、法、德、俄等文字。

李时珍出生于医学世家，父亲也是有名的医者，李时珍年幼就开始学习，想要通过科举进入仕途，然而屡次不中的现实让他心灰意冷，后来他决定弃文从医，去遍全国各地，参考历代医药等方面书籍925种，"考古证今、穷究物理"，记录上千万字札记，弄清了许多疑难问题，历经27个寒暑，于明万历十八年（1590）完成了192万字的巨著《本草纲目》。此外，李时珍对脉学及奇经八脉也有研究。著述有《奇经八脉考》《濒湖脉学》等多种，被后世尊为"药圣"。

李时珍画像

图说

李时珍（1518—1593），字东璧，晚年自号濒湖山人，湖北蕲春县蕲州镇东长街之瓦屑坝（今博士街）人，明代著名医药学家。后为楚王府奉祠正、皇家太医院判，去世后明朝廷敕封为"文林郎"。

药作对联红线牵

李时珍自幼聪颖善对，还没上学就跟着父亲认熟了好多字。刚入学时，私塾先生望着被树木环抱的远山，出了上联："远声隔林静。"李时珍当时虽然只有8岁，但见朝霞分外明媚，过往旅客早已登程，便脱口对道："明霞对客飞。"有位药铺主人，膝下有一个女儿，聪慧而美貌，药铺主人为了给女儿选择一个才华出众的男子结为伴侣，决定用药名作上联征婚："玉叶金花一条根。"许多求婚者"望联兴叹"。其中有一位姓马的青年为人忠厚，只是略欠文采，他不得不求李时珍帮忙。李时珍少年助人为乐，脱口对道："冬虫夏草九重皮。"铺主见马公子文采出众，又交给他一副上联，限一天对上。这上联是："水莲花半枝莲见花照水莲。"马公子只得二请李时珍对出下联："珍珠母一粒珠玉碗捧珍珠。"铺主看后非常高兴，随即再出上联"白头翁牵牛耕熟地"，限半天对出。马公子无奈三求李时珍，李时珍为了成全这桩婚事，稍假思索，

湖北蕲春濒湖公园李时珍浮雕

用"天仙子相思配红娘"作下联。铺主十分满意，当即答应马公子与女儿订婚。

巧用炼金术

明朝嘉靖皇帝迷信仙道，祈求长生不老。方士看准了皇帝的心意，便大炼不死仙丹，取悦皇帝，因而在全国掀起了一股炼丹热潮，但不少人因服用仙丹后中毒死亡。

李时珍知道仙丹多用水银、铅、丹砂、硫磺、锡等炼取，含有毒素，于是疾呼："丹药能长寿的说法，决不可信。"并列举服食丹药后死亡的例子，但有方士反驳说："古代药书上说，水银无毒，服食可以成仙，是一种长生药。"李时珍认为前人遗留下来的知识可以参考，但一定要经过分析，不能尽信书上所说。

李时珍虽然坚决反对服食仙丹，却以科学的态度应用炼丹的方法。他亲自研制水银来医治疮疥等病，又利用炼金术烧制外用药物，还把研究的数据记载在《本草纲目》里，对后世影响深远。

湖北黄冈李时珍墓

湖北蕲州李时珍纪念馆

图说

李时珍纪念馆，位于蕲州城东南面风景秀丽的雨湖之滨，占地80亩（约5.4万平方米），由李时珍纪念馆、李时珍墓地、李时珍医史文献馆和药物园四部分组成，由邓小平同志亲笔题写馆名。馆内陈列大量珍贵的医学资料、药物标本和郭沫若、邓颖超、方毅等同志的题词，并珍藏中外《本草纲目》版本十余种，以及古今中外介绍李时珍的医药书籍、文献资料和报纸杂志等。纪念馆自1981年4月起对外开放。

死者可生，生者亦会死

一天，李时珍和大徒弟王广和来到湖口，见一群人正抬着棺材送葬，而棺材里直往外流血。李时珍上前一看，见流出的血不是淤血而是鲜血，于是赶忙拦住人群，让抬棺材的人停下来，说棺内人并未死，还可医治。众人听了，面面相觑，不敢相信。李时珍看出了大家的心思，反复劝说，终于使主人答应开棺。李时珍先是对棺内"尸体"进行了一番按摩，然后又在其心窝处扎了一针，不一会儿，就见棺内的妇人轻轻哼了一声，醒了。不久之后，这名妇女又顺利产下一名男婴，原来这名妇女是因难产而陷入假死。

传说李时珍在以一根针救活母子两人后，许多人都想见一见这位神医。

一天，李时珍来到了一个县城，有家药店老板的儿子正在柜台上大吃大喝，听说李时珍来了之后，也想去看看热闹。要见李时珍的人很多，都围在他身边，药店老板的儿子费了好大力气终于挤到李时珍面前，问道："先生，你看我有什么病吗？"李时珍见此人气色不好，赶忙给他诊脉，过后，十分惋惜地说道："小兄弟，可惜呀，年纪轻轻，活不了三个时辰了，请赶快回家去吧，免得家里人到处找。"众人都不信，那个药店老板的儿子更是大骂不止。但果不其然，不到三个时辰，这个人便死掉了。

原来是此人吃饭过饱，纵身一跳，肠子断了，内脏受损。由此，人们更是惊叹李时珍的神奇医术了。

延伸思考

你认为成为一名合格的医生需要具备哪些品质？

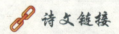

诗文链接

吴明卿自河南大参归里

明·李时珍

青锁名藩三十年，虫沙猿鹤总堪怜。

久孤兰杜山中待，谁遣文章海内传。

白雪诗歌千古调，清敬日醉五湖船。

鲈鱼味美秋风起，好约同游访洞天。

古代科技全介绍

——《梦溪笔谈》

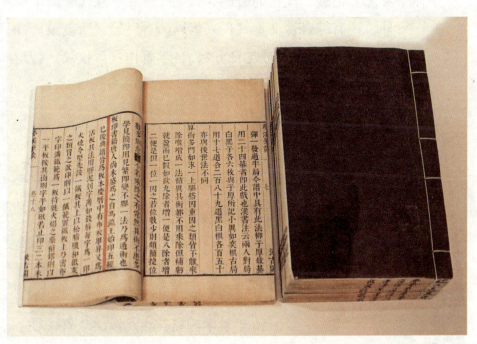

《梦溪笔谈》书影

《梦溪笔谈》是一部涉及古代中国自然科学、工艺技术及社会历史现象的综合性笔记体著作。《梦溪笔谈》成书时间一般认为1086年至1093年间。书名《梦溪笔谈》中的"梦溪"，则取自沈括晚年归退后，在润州（今镇江）卜居处"梦溪园"的园名。全书共30卷，其中《笔谈》26卷，《补笔谈》3卷，《续笔谈》1卷。全书有17目，凡609条。内容涉及天文、数学、物理、化学、生物等各个门类学科。书中的自然科学部分，总结了中国古代——特别是北宋时期的科学成就。社会历史方面，揭露了北宋统治集团的腐朽，对西北和北方的军事要塞、典制礼仪的演变，旧赋役制度的弊害，都有较为翔实的记载。英国科学史家李约瑟评价其为"中国科学史上的里程碑"。

沈括博学多才，在各学科都有所建树，据《宋史·艺文志》记载，沈括的著述有22种155卷。除《梦溪笔谈》外，还有综合性文集《长兴集》《志怀录》《清夜录》，医药著作《良方》《苏沈良方》，科学著作《浑仪议》《万春

沈括画像

图 说

沈括（1031—1095），字存中，号梦溪丈人，浙江杭州钱塘县人，北宋政治家、科学家。沈括一生致力于科学研究，在众多学科领域都有很深的造诣和卓越的成就，被誉为"中国整部科学史中最卓越的人物"。

圩图记》《天下郡县图》《营阵法》等，音乐类著作《乐论》《乐律》《乐器图》等，但存世较少。

木雕地图

　　沈括为了维护宋朝边境的安全，十分重视地形勘察。有一次，宋神宗派他到定州（今河北定县）去巡视。他假装在那里打猎，花了20多天时间，详细考察了定州边境的地形，还用木屑和融化的蜡捏制成一个立体模型。回来后，沈括要木工用木板根据他的模型，雕刻出木制的模型，献给了宋神宗。这种立体地图模型比绘制在纸上的地图更清楚。

　　宋神宗对沈括画的地图和制作的地图模型很感兴趣，第二年就叫沈括编制一份全国地图。但是不久，沈括受人诬告，被朝廷贬谪到随州（今湖北随县）。

沈括故居梦溪园

在那里，生活环境虽然很困难，但是沈括坚持绘制没有画完的地图；后来，他换了几个地方的官职，也是一面考察地理，一面修订地图，坚持了12年，终于完成了当时最准确的一本全国地图——《天下郡国图》。

沈括勤学好问，善于利用手上已有的资源去解决问题。他所著的《梦溪笔谈》就是其代表作之一，《梦溪笔谈》内容丰富，集中了古代科学的成就，在世界文化史上有着重要的地位。

细心辨音的沈括

据《梦溪笔谈》记载，沈括在开封相国寺见到高益的一幅壁画，内容为乐工同奏，很有意境。但人们都诟病弹琵琶的乐工拨错了弦，管乐吹奏的都是"四"字音，在琵琶的上弦，但画上拨的却是下弦。沈括经过仔细观察后，

沈括与《梦溪笔谈》浮雕

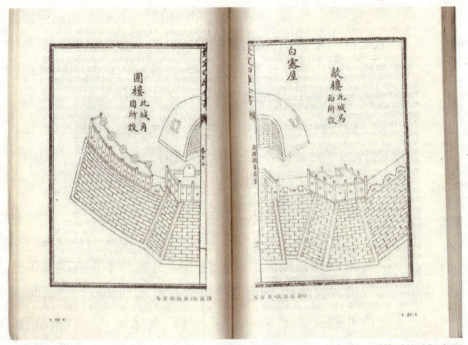

《梦溪笔谈》书影

认为高益画得没错。他指出，弦乐跟管乐不同，演奏管乐时，手指按在什么音，就发什么音，是同时的；琵琶则不同，只有当手指拨弦之后，才会发音，动作是早于声音的。正因为这样，弹琵琶的乐工的手指不在"四"字音的上弦，而在下弦。足见画家布置巧妙，匠心独运。

船破知人心

《梦溪笔谈》里还记载了这样的一个故事：北宋时，文官李士衡奉命乘船出使高丽，朝廷派了个武官做他的副将。高丽人很看重二人的来访，赠送他们不少礼物。返回时，副将听说船底漏水，担心自己的礼物被水浸湿，便动起了小心思。他特意交代下属说："李主使的礼物很贵重，要放在舱底，而我的礼物不值钱，放在上面就行，丢了也没关系。"下属们都明白副将这么做的意思，便偷偷告诉了李士衡。他听后笑笑说："我的礼物都交给副将管了，他怎么说你们就怎么做吧。"

船行到半途，突遇大风浪，眼看船就要翻了，船长紧急下令："赶紧把不重要的东西都扔到海里去，否则船翻了就都完了。"大家急忙往海里扔东西，快扔到一半时，风浪停了。船恢复了平稳，大家悬着的心才落下来。这时，大家发现副将的礼物几乎都扔光了，而原本压在舱底的礼物却完好无损，忍不住捂嘴窃笑。李士衡假装不知情，握着副将的手说："你可真是料事如神啊，舍弃掉自己的礼物保住了我的礼物，真让人感动。"副将面色尴尬，不知说什么是好。

这则故事启示我们，做人要以德修身，做事要用平常心善待自己，用责任心对待身边人、身边事。那些不守规矩、爱耍小聪明的人，常常会搬起石头砸了自己的脚。

延伸思考

你觉得李士衡的做法对吗？在你身边遇到过类似的事情吗？你是怎么处理的。

🔗 **诗文链接**

开元乐词·其四

宋·沈括

殿后春旗簇仗，楼前御队穿花。

一片红云闹处，外人遥认官家。

精华凝聚　宋应星纂　影响深远

中国17世纪的工艺百科全书
——《天工开物》

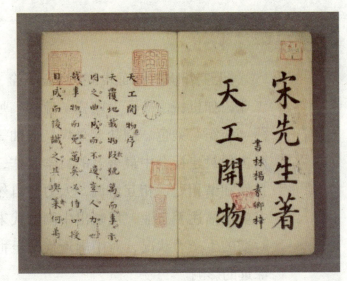

古籍《开工天物》

　　《天工开物》由明末清初著名的科学家宋应星所集纂，它是中国古代一部综合性科学技术著作，同时也是世界上第一部关于农业和手工业生产的综合性著作。有外国学者称它为"中国17世纪的工艺百科全书"。

宋应星画像

　　宋应星，字长庚，汉族、江西奉新人，中国明末清初著名的科学家。他一生都在农业和手工业生产上进行科学研究，收集了大量的科学资料，他的著作许多，如《野议》《论气》《谈天》《思怜诗》等，其中最杰出的著作就是《天工开物》。

　　《天工开物》里面共3卷18篇，全书收录了农业、手工业，如机械、砖瓦、陶瓷、硫磺、烛、纸、兵器、火药、纺织、染色、制盐、采煤、榨油等生产技术，是中国古代封建社会中最著名的科学著作，书中要求人类和自然和谐相处、相互协调，人力与自然力相互配合，本书侧重描述手工业，反映出中国明代末年资本主义萌芽时期的生产力状况，对中国近代乃至世界都产生了意义深远的影响。

宋应星买书

　　宋应星从小就勤奋好学，天资聪颖。15岁那年，宋应星听说宋代沈括的《梦溪笔谈》是一本好书，他就渴望能看一看。于是每见到读书的亲朋好友，他都会问人家有没有这本书。有一天，他听说镇上一家书铺进了新书，他就急急忙忙去买书，可惜在书店找了半天也没找到。老板问他找什么书，他告诉老板要找《梦溪笔谈》，老板告诉他人们都读对考取功名有用的四书五经，没人买科学方面的书，书铺里也没有这类书，宋应星只得失望地离开了。

宋应星在回去的路上，脑子里一直都在想这本书，不小心撞到了一个行人身上，把人家的米粿撞撒了，他一边道歉一边弯腰捡米粿。在捡米粿的时候，宋应星突然发现包米粿的废纸上写着《梦溪笔谈》一行字，他急切地问那人米粿是在哪里买的。那人为他指了方向，于是他跑出好几里，见到了卖米粿的老汉，并说明原因，老人见他爱书心切，就把用来包米粿的旧书给了他。但是这是一部残本的《梦溪笔谈》，书没有后半部。老汉告诉他这书是路过纸浆店时向店老板要来的。宋应星便又跑到纸浆店，看到后半部书已经和别的旧书一起拆散泡入水池，正准备打成纸浆。宋应星很是心痛，他告诉老板自己找这本书的经过，老板被他锲而不舍的精神感动了，赶忙让工匠下水池从散乱的湿纸堆中把那半本书拿上来。宋应星捧着湿淋淋的书回到了家，

2002年中国邮政发行的宋应星画像邮票

把书小心翼翼地一页页分开，晾干，然后再次装订好。就这样，他终于得到了《梦溪笔谈》这本书。

经典赏析

《天工开物》是中国古代一部综合性的科学技术著作，有人也称它是一部百科全书式的著作。

《天工开物·乃粒·稻》中的资料无一不是取之于民、用之于民，由千千万万的民众在长期实践过程中对经验的不断总结、传承和创新，这就是中国的"民间"意义。

《天工开物·乃粒·稻》（节选）原文：凡稻种最多。不粘者，禾曰秔，米曰粳。粘者，禾曰稌，米曰糯（南方无粘黍，酒皆糯米所为。）质本粳而晚收带粘（俗名婺源光之类）不可为酒，只可为粥者，又一种性也。凡稻谷形有长芒、短芒（江南名长芒者曰浏阳早，短芒者曰吉安早）、长粒、尖粒、圆顶、扁圆面不一，其中米色有雪白、牙黄、大赤、半紫、杂黑不一。

译文：稻的种类最多。不黏的稻，禾叫秔稻，米叫粳米；黏的稻，禾叫稌稻，米叫糯米（南方没有黏黍，酿酒都是用糯米制作的）。还有属于粳稻而且晚熟还带有黏性的（俗名叫"婺源光"一类的）不能用来酿酒，只能用来煮粥，这又是另一个稻

1991年中国发行的纪念金银币·宋应星银币

宋应星纪念馆

种。稻谷的形状有长芒、短芒（江南称长芒稻种为"浏阳早"，短芒稻种叫"吉安早"），长粒、尖粒、圆顶、扁粒等不一样的稻种。其中稻米的颜色有雪白色、淡黄色、大赤色、淡紫和灰黑等多种不同颜色。

 成语

天资聪颖

资，智慧能力；颖，才能出众、聪明；聪，聪明；颖，也是聪明。上天赐予的聪明灵慧的资质，形容一个人某方面的天赋极佳，聪明而且具有慧根。

作为世界上第一部关于农业和手工业生产的综合性科技著作，《天工开物》十分重视理论阐述，而非单纯的技术描述。日本科学史家三枝博音认为："《天工开物》不只是中国，而且是整个东亚的一部代表性技术书，其包罗

延伸思考

你还知道《天工开物》里哪些关于农业的知识？与身边的朋友分享一下。

技术门类之广是欧洲技术书无法比拟的。"《天工开物》传入欧洲后，直接推动了18世纪的欧洲农业革命，对工业革命的技术发展也有不可估量的影响。然而，在清政府对古籍的集中整改过程中，《天工开物》被遗失了不少，令人痛惜。现在所留传的版本，有不少内容是从日本所保存的古籍中翻译过来的。

 诗文链接

刈稻了咏怀

唐·杜甫

稻获空云水，川平对石门。

寒风疏落木，旭日散鸡豚。

野哭初闻战，樵歌稍出村。

无家问消息，作客信乾坤。

百科全书　文献总集　千人万卷

文献典籍大百科
——《永乐大典》

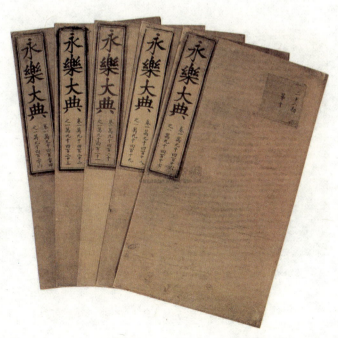

《永乐大典》书影

《永乐大典》编撰于明朝永乐年间，是由当时的内阁首辅解缙总编的一部中国古典集大成的旷世大典，初名《文献大成》，保存了14世纪以前中国的历史地理、文学艺术、哲学宗教和百科方面的文献，全书22937卷，约3000名学者参与纂修，1403—1408年编成（目录占60卷）。全书11095册，约3.7亿字，汇集了古今图书达七八千种。《永乐大典》的修编在当时是一件空前的文化盛事，然而，其正本的去向一直是史学界和文化界的一个谜。《永乐大典》分为正本和副本，除了正本尚未确定是否存于嘉靖皇帝的永陵里以外，副本在战火中惨遭浩劫，大多亡失，今仅存800余卷且散落于世界各地。《不列颠百科全书》在"百科全书"条目中称中国明代类书《永乐大典》为"世界有史以来最大的百科全书"。

解缙自幼颖悟绝人，他写的文章雅劲奇古，诗豪宕丰赡，书法小楷精绝，行、草皆佳，尤其擅长狂草，与徐渭、杨慎一起被称为"明朝三大才子"，著有《解学士集》

清·顾见龙《解缙像》

图说

解缙（1369—1415），字大绅，一字缙绅，号春雨、喜易，明朝吉水（今江西吉水）人，曾官至内阁首辅。后解缙因为才学高而好直言被忌惮，屡遭贬黜，最终以"无人臣礼"下狱，永乐十三年（1415）冬被埋入雪堆冻死，年47岁。成化元年（1465）赠朝议大夫，谥文毅。

《天潢玉牒》等书，总裁《太祖实录》《古今列女传》，主持编纂《永乐大典》，并有《自书诗卷》《书唐人诗》《宋赵恒殿试佚事》等书法作品。

《永乐大典》下落之谜

《永乐大典》编成后，本来明成祖朱棣想将之付印，但因为此书过于庞大，一下子难以印好，就暂时放在了南京明皇宫的文渊阁。北京明皇宫建成后，朱棣曾经派人将南京文渊阁所贮藏的包括《永乐大典》在内的一切书籍各取一部，装载了 10 艘大船，运往北京。《永乐大典》原稿本则留在了南京文渊阁。明英宗正统年间，南京明皇宫内发生火灾，南京文渊阁所藏之书全部被烧为灰烬，于是就只剩下北京的《永乐大典》孤本。

北京故宫文渊阁

163

明嘉靖三十六年（1557），北京明皇宫突发大火，对《永乐大典》"殊宝爱之"的嘉靖帝"命左右趣登文楼出之，夜中传谕三四次，遂得不毁"。大火之后，嘉靖帝逐渐萌发了将《永乐大典》再抄一部副本另外保存的念头。嘉靖四十一年，《永乐大典》的"复制"工作开启，总负责人为徐阶、高拱等，据说当时"复制"时是边校理边缮写，分工明确，且规定每人每天誊抄3页，这样，大约抄了5年，到嘉靖帝死时尚未圆满完成重录工作，直到隆庆六年（1567）才最终大功告成。之后副本被放在了明皇宫内新建好的皇史宬，清雍正时又将其移贮到天安门以南的翰林院；而正本据说是被放回了文渊阁，但实际上从此就下落不明，有人认为它毁于明清之际的战火，但也有人认为它被嘉靖帝"带到"了自己的陵墓里去。

《永乐大典》正本下落不明，而副本又厄运连连，明清易代，在人们不知不觉中它逐渐地"蒸发"了。乾隆时为修纂《四库全书》，人们曾想从《永乐大典》中辑佚古籍，但发现其中的1000多册不知去向，到清末光绪元年时只剩下5000余册。1900年八国联军侵华时，《永乐大典》遭受了野蛮抢掠与肆意践踏，有的士兵居然拿书来垫炮座，与义和团作战，至此，《永乐大典》几乎丧失殆尽，目前仅存的几百册还有部分散落在日本、英国、德国、美国、韩国等国。

延伸思考

你还知道中国有哪些文物遗失了吗？你有什么办法把他们找回来吗？

皇帝身边的和尚顾问

除了解缙，《永乐大典》的完成还离不开一个名叫姚广孝的僧人，这个僧人的一生极富传奇色彩。姚广孝本名天僖，医学世家，14岁便出家做了和尚。他很有学问，通儒、道、佛诸家，而且能诗善文，与当时的苏州文学家高启等人成为好友。后来他出山建功立业，成为燕王朱棣的重要谋士。朱棣对他非常欣赏，言听计从。

一次宴席间，天气寒冷，朱棣出了一个对子，曰："天寒地冻，水无一点不成冰。"求下联。姚广孝在座，他立马起身应声："国乱民愁，王不出头谁是主。"不但词意对仗工整，而且内容关怀民生，实则劝朱棣在乱世中展示自己的雄才大略，起兵争天下。还有一次，朱棣起兵之时突然有狂风暴雨，将王府的檐瓦吹落在地。风吹落瓦在当时被视为不祥之兆，因此朱棣不禁变色，以为是天意警示。姚广孝马上站出来大呼："这是大吉兆啊！自古飞龙在天，必有风雨相从。王府的青瓦堕地，这预示着殿下要用上皇帝的黄瓦了。"他的话让犹豫中的朱棣顿时信心百倍，勇往直前。

在随后的征战中，姚广孝又继续为朱棣出谋划策，为朱棣立下了汗马功劳。

朱棣做皇帝后，要重赏姚广孝。据记载，"广孝"的名字就是朱棣所赐。但姚广孝谢绝了所有的高官厚禄、豪宅美女，还是去庙里青灯下诵经参佛。后来，明成祖大修宫殿和北京城，请他出山做总规划，他又将家乡的香山帮建筑流派和蒯祥等能工巧匠推上了历史舞台。他不仅著作丰厚，如《逃虚集》《逃虚子诗集》《逃虚类稿》

姚广孝坐像

等，还参与了《永乐大典》《明太祖实录》等书的修纂。姚广孝85岁病故，葬于北京房山崇各庄，现有墓塔留存。塔为八角九级密檐式塔。塔前有明宣德元年所立成祖棣"敕建姚广孝神道碑"一座。

姚广孝墓塔

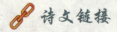 诗文链接

斧

明·解缙

斫削群才到凤池。良工良器两相资。
他年好携朝天去。夺取蟾宫第一枝。